Karin Gessler · Jörg Becker

Schwarzwald-Baar-Heuberg

Karin Gessler · Jörg Becker

Die Region erleben:

Schwarzwald-Baar-Heuberg

Ein Führer zu
Kultur, Geschichte und Natur

Mit Fotos von Andreas Beck

Herausgegeben vom Landkreis Rottweil,
vom Schwarzwald-Baar-Kreis,
vom Landkreis Tuttlingen und dem
Regionalverband Schwarzwald-Baar-Heuberg

Silberburg-Verlag

Umschlagfotos:
Links oben: Die Emminger Pestkreuze.
Rechts oben: Der 912 Meter hohe Hohenkarpfen.
Links unten: Der Weißnarr, wie hier der Schwenninger Hansel,
ist die dominierende Fasnetsfigur der Region.
Rechts unten: Abendstimmung bei Rottweil.

Foto Seite 1: Die Dauchinger Madonna.
Seite 12/13: Landschaft zwischen Villingen und Sankt Georgen.
Seite 130/131: Der Fridinger Pflugumzug am schmotzigen Donnerstag.
gehört zu den ältesten Bräuchen der schwäbisch-alemannischen Fasnet.

1. Auflage 2006

Umschlaggestaltung: Wager ! Kommunikation,
unter Verwendung von Aufnahmen von Andreas Beck
und Wulf Wager (links unten).
Druck: Gulde-Druck, Tübingen.
Printed in Germany.

ISBN-10: 3-87407-706-3
Ab 2007 ISBN-13: 978-3-87407-706-4

Schwarzwald-Baar-Heuberg

Schon im Namen klingt die Vielfalt an, die diese Region im Süden Baden-Württembergs auszeichnet. Ihre Grenzen ergeben das Bild eines auf die Ecke gestellten Quadrats, fein austariert zwischen den Landschaften Schwarzwald und Schwäbischer Alb, die sich im Winkel bei Blumberg fast berühren, keilförmig in die Mitte eingeschoben die offenen Flächen der Baar und der Oberen Gäue. Die Donau und ihre Quellflüsse Brigach und Breg verbinden im großen Bogen West und Ost, dazu der Neckar als Senkrechte. Baden und Württemberg, evangelisch und katholisch, fruchtbares Ackerland und karge Hochflächen, dünn besiedelte Naturräume und frühe Industrialisierung, mittelalterliche Fresken und moderne Kunst – so vielgestaltig das Landschaftsbild, so fassettenreich sind auch Geschichte und Kultur.

Nur 45 Kilometer Luftlinie liegen zwischen den höchsten Schwarzwaldbergen der Region und der hohen Schwabenalb, doch diese wenigen Kilometer führen durch 330 Millionen Jahre Erdgeschichte. Im Erdaltertum entstanden die Gneise und Granite des sogenannten Grundgebirges. Darauf lagerten sich im Verlauf des Erdmittelalters mächtige Sedimentschichten ab, größtenteils Ablagerungen längst verschwundener Meere, teils auch Sand und Geröllmassen, die urzeitliche Flusssysteme anschwemmten. Dies alles wurde im Verlauf von Jahrmillionen zu den Gesteinsschichten des sogenannten Deckgebirges »verbacken«.

Vor 60 Millionen Jahren begannen gewaltige Kräfte im Erdinneren das Grund- und Deckgebirge im Bereich des heutigen Schwarzwaldes und der Vogesen aufzuwölben. Durch die starke Dehnung brach die Erdkruste im Scheitel des neuen Gebirges und sank ein, der Oberrheingraben entstand. Die Sedimentschichten stehen seit der Aufwölbung schräg, sie fallen in Richtung Südosten ab. Durch die Schrägstellung waren nun alle Schichten der Erosion ausgesetzt, allmählich formte sich das süddeutsche Schichtstufenland, verwitterungsanfällige Tongesteine bildeten Verflachungen, harte Sand- und Kalksteine die eindrucksvollen Steilstufen. In den Hochlagen des Schwarzwaldes wurde das Deckgebirge komplett abgetragen. Auf der

Schwäbischen Alb sind alle Schichten bis zum Weißen Jura hinauf erhalten. Und weil die Schichten im Süden stärker abfallen als im Norden, liegt in der Region Schwarzwald-Baar-Heuberg wie im Zwickel eines großen geologischen Fächers alles sehr nahe beieinander.

Bei einer Wanderung quer durch die Region könnte man alle Gesteinsschichten – nach Alter geordnet – eine nach der anderen begehen. Diese Route würde über die grauen Gneise und Granite und den roten Buntsandstein des Schwarzwaldes hinunterleiten in die Gäulandschaften des oberen Neckars und der Baar, deren Untergrund aus gelblich-grauem Muschelkalk und Lettenkeuper besteht, dann über die grünbewaldete Hügelkette des Mittleren Keupers zu den Stufen des Schwarzen und Braunen Jura und hinauf zu den Höhen der Alb zum »erst« 140 Millionen Jahre alten Weißen Jura führen. Eine eindrucksvolle Erdfarben-Palette, ganz zu schweigen von den herrlichen Aussichten, die die Schichtstufen bieten.

Hinweise auf die Anwesenheit früher Menschen finden sich eher zufällig. In Deißlingen konnte man bei Bauarbeiten die Knochen eines 30 000 Jahre alten Mammuts bergen, das offensichtlich von kundigen Jägern zerlegt worden war. In der Buttentalhöhle bei Buchheim fand man Werkzeuge zur Knochen- und Holzbearbeitung, datiert in die Zeit um 13 000 bis 10 000 v. Chr. Spuren von Jagdlagern aus der mittleren Steinzeit (um 8000 v. Chr.) entdeckte man bei Bochingen und auf dem Brandsteig bei Aichhalden. Aus derselben Zeit stammt der aus einem Moor bei Schwenningen geborgene Beckenknochen eines Auerochsen, in dem eine abgebrochene Spitze aus Feuerstein steckte. Einer der ergiebigsten Fundorte ist die Jägerhaushöhle bei Fridingen an der Donau (8000 bis 6000 v. Chr.). Auf ihrem Zug mit den großen Rentier- und Pferdeherden waren die Höhlen der Schwäbischen Alb für die Menschen des Mesolithikums komfortable Schutz- und Rastplätze, die immer wieder aufgesucht wurden. Die große Wende hin zur Sesshaftigkeit und zur bäuerlichen Wirtschaftsweise vollzog sich in der Jungsteinzeit ab dem 6. Jahrtausend v. Chr. In einem langen Prozess wurde die Natur zur Kulturlandschaft geformt, Wald gerodet und Äcker angelegt. Bevorzugte Siedlungsgebiete waren zunächst die lössbedeckten Gebiete, die bekannteste Höhensiedlung befand sich auf dem Dreifaltigkeitsberg bei Spaichingen.

Im 8. Jahrhundert v. Chr. tauchten die Kelten in der Region auf, die ersten Siedler, deren Namen wir kennen. Die Flussnamen Brigach, Breg, Donau und Neckar erinnern ebenso an sie wie die zahlreichen Viereckschanzen und Grabhügel – der bedeutendste ist der Magdalenenberg bei Villingen. Von den Römern Gallier genannt, bildeten Kelten auch in römischer Zeit den überwiegenden Teil der einheimischen Bevölkerung und prägten trotz Romanisierung Wirtschaft und Kultur in nicht unerheblichem Maß. Etwa 200 Jahre war die Region Teil der römischen Provinz Obergermanien, dann drängten germanische Stämme ins Land, die sich selbst Alamannen nannten. Erst im 5. und vor allem im 6. bis 7. Jahrhundert n. Chr. – nach der Unterwerfung der Alamannen durch die Franken – erfolgten dann die neuen Ortsgründungen, aus denen die meisten der heutigen Dörfer und Städte hervorgingen.

Im Mittelalter entstand der territoriale Flickenteppich, der die politische Landkarte bis zum Ende des Alten Reiches bestimmen sollte. Württemberg, Vorderösterreich, das Haus Fürstenberg und die Reichsstadt Rottweil waren die wichtigsten Herrschaftsträger in der Region. Dazu kamen kleine und kleinste reichsritterschaftliche Territorien und geistliche Gebiete. Württemberg führte im 16. Jahrhundert die Reformation ein, doch die meisten Landesherren blieben katholisch. Das Nebeneinander der Konfessionen lässt sich bis heute in der Kulturlandschaft ablesen, die katholischen Gegenden geben sich durch Kapellen, barocke Wallfahrtskirchen, Bildstöcke und Flurkreuze zu erkennen.

Mit Napoleon hatte die bunte Ländervielfalt ein Ende, ein Teil der Region gehörte nun zum Großherzogtum Baden, der andere zum Königreich Württemberg. Nur einige kleine Gemeinden wurden Hohenzollern-Sigmaringen beziehungsweise Hohenzollern-Hechingen zugeschlagen und kamen schließlich an Preußen.

Bliebe der Begriff Region »Schwarzwald-Baar-Heuberg« zu erklären: Er ist ein Kind der Verwaltungsreform zu Beginn der 1970er-Jahre. 1952 war das Bundesland Baden-Württemberg gegründet worden, die Kreisgrenzen orientierten sich aber noch an älteren Strukturen. Deshalb wurden die Kreise 1973 neu zugeschnitten. Zudem wurde Baden-Württemberg in zwölf Regionen eingeteilt, um dezentral, aber doch kreisübergreifend Raumplanungsaufgaben in Angriff nehmen zu können. Die Region Schwarzwald-Baar-Heuberg setzt sich aus den Kreisen Rottweil, Tuttlingen und dem Schwarzwald-Baar-Kreis zusammen.

Die Region Schwarzwald-Baar-Heuberg ist jedoch längst mehr als eine Planungseinheit. Im Laufe der Jahrzehnte ist zwischen Schwarzwald und Schwäbischer Alb eine neue regionale Identität entstanden, in der die Vielfalt der Traditionen bewusst als wertvolles Erbe aufgehoben ist. Die alten Gegensätze wirken kaum mehr trennend, sondern leben in phantasievoll ausgeschmückten Anekdoten fort, über die man sich gerne amüsiert.

Das Buch möchte Lust machen, die Region Schwarzwald-Baar-Heuberg mit den Landkreisen Rottweil, Tuttlingen und dem Schwarzwald-Baar-Kreis (neu) zu entdecken. Es gliedert sich in zwei Teile. Im ersten werden die einzelnen Landschafts- und Kulturräume mit ihren Sehenswürdigkeiten in neun Routen porträtiert. Zehn Thementouren führen danach im zweiten Teil des Buchs quer durch die Region und vertiefen einzelne Aspekte. Bei der Orientierung helfen die zahlreichen **Karten,** wobei die Karten im ersten Teil auch schon auf den folgenden Teil sinnvoll verweisen. Darin eingezeichnet sind sowohl die Sehenswürdigkeiten (rot) entlang der **neun Reiserouten (R1 bis R9)** des ersten Teils als auch interessante Ziele (schwarz), die erst in den **zehn Thementouren (T1 bis T10)** beschrieben werden. Weil die Träger der kulturellen Identität in der Region nach wie vor die alten Orte sind, wie sie vor der Verwaltungsreform existierten, wurde im Text darauf verzichtet, die jeweilige Gemeindezugehörigkeit zu berücksichtigen. Sie ist jedoch leicht über das angefügte Ortsregister zu erschließen.

Reiserouten durch die Region

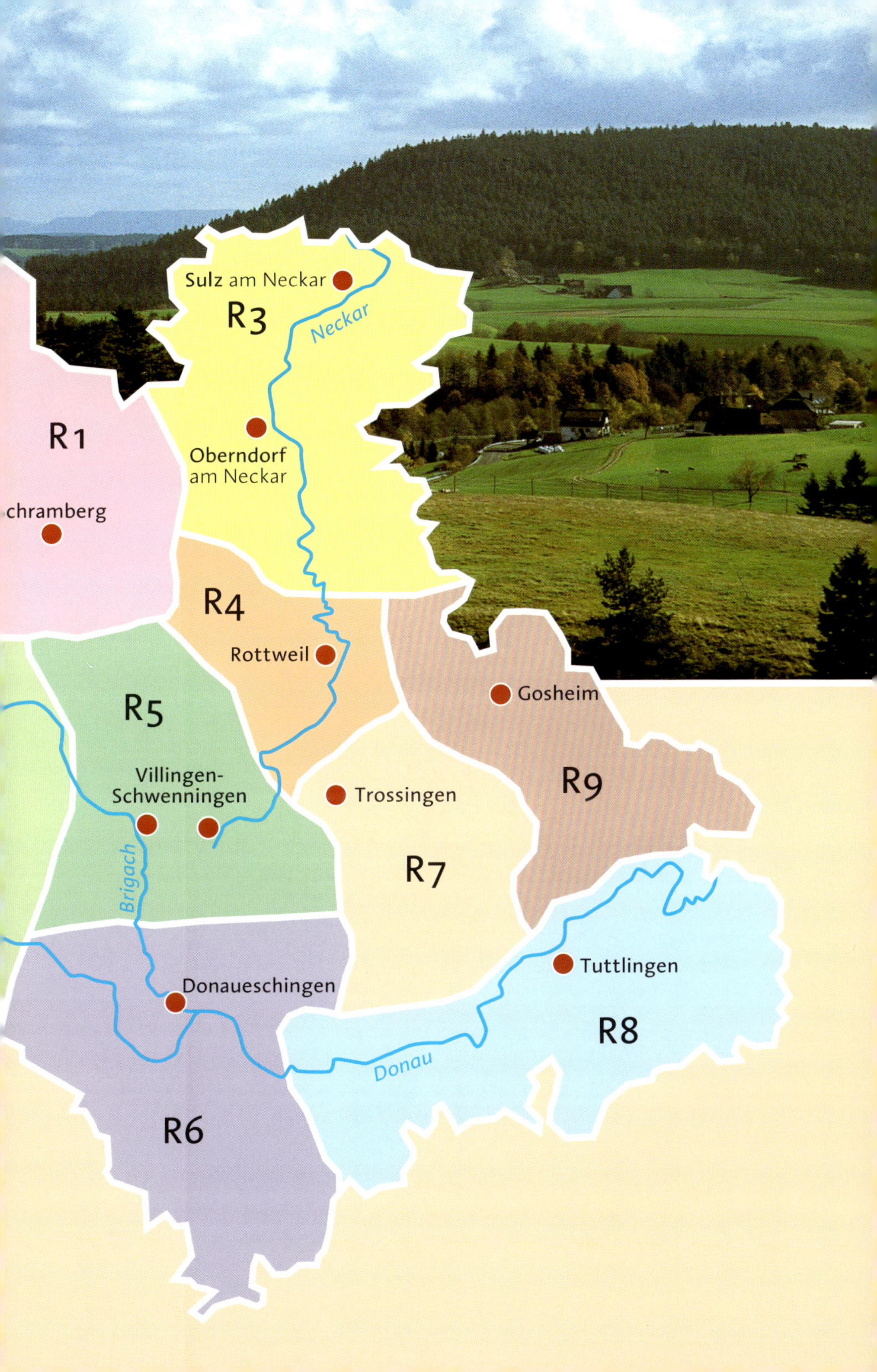
Sulz am Neckar
R3
Neckar
R1
Oberndorf
am Neckar
chramberg
R4
Rottweil
Gosheim
R5
Villingen-
Schwenningen
Trossingen
R9
R7
Brigach
Tuttlingen
Donaueschingen
R8
Donau
R6

Mittlerer Schwarzwald

R1 An Schiltach und Kinzig

Aus der Rheinebene hebt sich der Schwarzwald eindrucksvoll empor. »Ein rauch gebirg und ein winterig Land«, so beschrieb ihn 1545 der Kosmograph Sebastian Münster. Nähert man sich hingegen aus den Gäulandschaften des oberen Neckars, ist das »raue Gebirge« zunächst einmal kaum wahrnehmbar. Einzig der Wechsel von offener Feldflur zu großen zusammenhängenden Waldflächen lässt in leicht ansteigendem Gelände die Ahnung aufkommen, dass der Schwarzwald tatsächlich hier irgendwo beginnt, so ganz ohne große Geste, heimlich, »hählenga«. Doch dann verhelfen Schiltach und Kinzig dem Mittleren Schwarzwald doch noch zu einem großartigen Entree. 300 Meter tief haben sie sich eingegraben und so in Nord-Süd-Richtung eine steile Abbruchkante geschaffen, die einen grandiosen Blick über das grün wogende Waldmeer ermöglicht. Von Siehdichfür bei Hardt bis zum Zollhaus nördlich von Aichhalden reiht sich Aussichtspunkt an Aussichtspunkt. Bei Sulgen wagt sich die B 462 in engen Kehren den Hang hinunter nach Schramberg und bietet unvergessliche Ausblicke über die Stadt und zur Burgruine Hohenschramberg auf der gegenüberliegenden Höhe.

Schramberg

Die Große Kreisstadt Schramberg, wegen Kirnbach, Lauterbach, Göttelbach und Glasbach, die hier in die Schiltach münden, »Fünftälerstadt« genannt, ist aus einer kleinen Siedlung in wenigen Jahren zu einem bedeutenden Industriestandort herangewachsen. Klassizismus und frühe Industriearchitektur setzen bis heute die besonderen Akzente im Stadtbild.

Die **Kirche Sankt Maria** zählt zu den bedeutendsten spätklassizistischen Kirchen Süddeutschlands, erbaut zwischen 1838 und 1841 nach Plänen von Carl Christian Nieffer, einem Schüler des württembergischen Hofbaumeisters Nikolaus Friedrich Thouret. Der tonnengewölbte, nur sparsam dekorierte helle Kirchenraum wirkt durch die Klarheit der Proportio-

Kloster Wittichen
Schenkenburg
Brandsteig T3
Rötenberg
Kinzig
Schiltach
Schiltach
Waldmössingen T3
Kloster Heiligenbronn
Eschach
Schilteck
Lauterbach T10
Hohenschramberg T4
Schram-
berg
Sulgen
Falkenstein
Tennenbronn T8
Mariazell

Der Kirchenraum von Sankt Maria in Schramberg (1838–1841)

Mit der Walcker-Orgel in der Sankt-Maria-Kirche und der Späth-Orgel in der Heilig-Geist-Kirche besitzt Schramberg zwei hervorragende Musikinstrumente, die regelmäßig bei den **Schramberger Orgelkonzerten** erklingen.

Informationen: www.schramberg.de oder Telefon (0 74 22) 76 25.

nen ruhig und feierlich. Die Ausstattung des Chorraums wurde 1994 durch Erich Hauser geschaffen. Sein großes Chorkreuz, eine Stahlskulptur, streng, geradlinig und doch voll innerer, die harten Flächen aufbrechender Kraft, zieht den Blick des Eintretenden sofort auf sich. Das kupfergetriebene Hauptportal, das Bilder aus dem Marienleben zeigt, gehört zu den frühen, noch gegenständlichen Werken Hausers.

Das spätklassizistische **Schloss der Grafen von Bissingen und Nippenburg** am anderen Ufer der Schiltach ist heute Kulturzentrum der Stadt. Das **»Podium Kunst«** bietet mit einem vielseitigen Ausstellungsprogramm vor allem jungen Künstlern eine Plattform. Die Sammlungsschwerpunkte des Stadtmuseums spiegeln die Geschichte der Industrialisierung Schrambergs wider. So präsentiert die große Steingutausstellung Produkte der Firmen Uechtritz und Faist, Villeroy und Boch Schramberg und der Schramberger Majolikafabrik – 1820 hatte Isidor Faist die erste Steingutfabrik in Schramberg gegründet.

Unter den qualitätvollen Industriebauten des 19. und frühen 20. Jahrhunderts ragen die Arbeiten des Stuttgarter Architekturbüros Philipp Jakob Manz heraus. Manz gehörte in der Zeit um 1900 zu den erfolgreichsten Industrieplanern Deutschlands. Für die Firma **Junghans** entwarf er den heute denkmalgeschützten Terrassenbau, der jeden Arbeitsplatz in der Uhrenfertigung ins rechte Tages-Licht rückte. Industriearchitektur vom Feinsten bietet der geklinkerte Jugendstilbau für die Elektrozentrale auf dem Gelände der ehemaligen Hamburg-Amerikanischen Uhrenfabrik (H.A.U.), das heutige **Dieselmuseum.** Im Inneren ist ein besonderes Denkmal der Technikgeschichte zu bestaunen, ein großes Dieselaggregat der Firma MAN zur Stromerzeugung aus dem Jahr 1910/11. Unweit des Dieselmuseums entsteht derzeit ein Automobilmuseum.

Der einstige Villenpark der Familie Junghans mit seinem schönen alten Baumbestand wird zurzeit zu einem **»Park der Zeiten«** umgestaltet. Der erste Bauabschnitt ist bereits fertig gestellt, 2007 werden alle Arbeiten abgeschlossen sein. Zeit soll in der Uhrenstadt experimentell und sinnlich erlebbar werden, selbst die von renommierten Künstlern entworfenen Parkbänke laden zur Zeit-Erfahrung ein. Die einstige **Villa Junghans** inmitten des Parkes ist heute Hotel.

Südlich von Schramberg thront auf einem vorspringenden Felsen die **Doppelburg Falkenstein.** Mauerreste lassen den Grundriss der Unterburg gut erkennen, weit besser erhalten ist jedoch die ältere, um 1150 erbaute Oberburg, die man durch ein schweres Holztor betritt. Um 1900 war sie durch Arthur Junghans erworben und renoviert worden. Auf der gegenüberliegenden Talseite liegt auf einem kleinen Hügel die **Falkensteiner Kapelle,** einst Eigenkirche der Herren von

Die »Beweinung Christi« in der Falkensteiner Kapelle

Auf der Burgruine Falkenstein in Schramberg

Falkenstein. Das schlichte Kirchlein beherbergt eine um 1515 entstandene »Beweinung Christi«, die dem Rottweiler Bildhauer Conrad Rötlin zugeschrieben wird, eine der innigsten spätgotischen Beweinungsgruppen Süddeutschlands.

Im Norden Schrambergs bewacht die um 1200 vermutlich von einem Lehensmann der Herzöge von Teck erbaute **Burg Schilteck** das Schiltachtal. Unverkennbar der gut 20 Meter hohe Bergfried, gemauert aus sorgfältig behauenen Sandsteinbuckelquadern. Die größte Burganlage Schrambergs ist jedoch die **Ruine Hohenschramberg.** Der schönste Weg hinauf führt über den neu gestalteten Geologischen Lehrpfad, der am Parkplatz der Firma Junghans an der Geißhaldenstraße beginnt und auf unterhaltsame Weise die erdgeschichtliche Entwicklung des Schlossbergs und des Schwarzwaldes vermittelt. Bergab geht es dann über den kürzeren, aber nicht weniger spannenden vegetationskundlichen Lehrpfad.

Burg Hohenschramberg >T4
Fastnacht >T7
Uhrenindustrie >T8
»Podium Kunst« >T10

Sulgen

Auf der Höhe über Schramberg breitet sich der schnell wachsende Stadtteil Sulgen aus, entstanden 1934 durch Zusammenschluss des katholischen Sulgen und des protestantischen Sulgau. 1965–1967 erbaute man die neue katholische Kirche, die **alte Sankt-Laurentius-Kirche** mit ihrem Turm aus dem 13. Jahrhundert und dem raumbeherrschenden Kreuzigungsfresko von Albert Birkle (1932) wurde Museum. Die **Ausstellung »Europäische Glasmalerei«** zeigt Reproduktionen berühmter Kirchenfenster in Form von leuchtenden Großdias. So können auch viele Details entdeckt werden, die sich am Originalort aufgrund der Höhe dem Blick entziehen. Ergänzt wird die Ausstellung durch die mehrteilige »Völkerkrippe« des Schramberger Krippenkünstlers Albert Fehrenbacher.

Mariazell

Die Ortschaft Mariazell kann sich rühmen, den wohl eigenartigsten **Kirchturm** der Region zu besitzen, viele halten ihn gar für den schönsten Dorfkirchturm Württembergs. Ganz aus rotem Buntsandstein gemauert wirkt er wie eine »feste Burg«. Auf dem noch aus der Spätromanik stammenden massigen Untergeschoss erhebt sich ein achteckiger Aufbau mit gotischen Maßwerkfenstern, bekrönt von einer Steinkuppel, die schon den Geist der Renaissance aufnimmt.

Eindrucksvoll ist der Kirchturm von Sankt Markus in Mariazell.

Kloster Heiligenbronn

Die Hochfläche östlich der Kinzig, die »Ebene vor dem Wald«, wurde durch die Eschach modelliert, die ursprünglich mit wenig Gefälle der

Das Gnadenbild von 1442 in der Klosterkirche Heiligenbronn

Donau zufloss und sich so ein weites, flaches Tal schuf. Hier liegt eingebettet in eine sanfte Wiesenlandschaft am Ortsrand von Heiligenbronn das 1857 gegründete **Kloster der Franziskanerinnen des Dritten Ordens.** Eine Wallfahrt zum »heiligen Bronnen« ist schon für das Mittelalter belegt, das Gnadenbild von 1442 ist einer der Schätze des schlichten Gotteshauses. Ein »Garten der Sinne« lädt zur Ruhe und zur bewussten Wahrnehmung von Natur ein, er ist Teil der zur Stiftung Sankt Franziskus gehörenden Schule für Gehörlose und Sehbehinderte.

Rötenberg

Das Dorf ist vermutlich schon im 11. Jahrhundert als Rodung entstanden und besaß bereits 1128 eine eigene **Kirche,** die – so besagt es ein Inschriftenstein im Chorturm – durch Bischof Ulrich II. von Konstanz dem **Heiligen Kreuz** geweiht worden war. Chor und Turm des heutigen Baus stammen jedoch »erst« aus dem 15. Jahrhundert, das Kirchenschiff wurde im Jahr 1774 erbaut. Sehenswert sind im Inneren der Kirche der gotische Taufstein und der Wandtabernakel. Auf gar keinen Fall sollte man es jedoch versäumen, zum **Kirchturm** zu gehen. Auf einer gotischen Fensterbrüstung sitzt dort eine kleine, in ihren runden Formen archaisch anmutende Muttergottes mit Kind – vielleicht ein Figurenstein der alten romanischen Kirche.

Kloster Wittichen

Im Tal der Kleinen Kinzig reiht sich Sägemühle an Sägemühle und der Duft von Holz liegt in der Luft. Zum Kloster Wittichen geht es im

Weiler Vortal links ab und schon nach wenigen Kurven taucht in freundlich zartem Kirchengelb der »**Lange Bau**« auf, quer ins Tal gesetzt, mit eigenen Durchlässen für Klosterbach, Straße und Fußweg. Gegründet wurde das Kloster 1324 von der seligen Luitgard von Wittichen, einer energischen und charismatischen Frau, die sich der franziskanischen Armutsbewegung angeschlossen hatte. 1376 nahm ihre Schwesterngemeinschaft die Klarissenregel an. Das Grab Luitgards in der **Klosterkirche** war schon früh Ziel von Wallfahrten. Die schlichte Saalkirche, erbaut 1681 nach den Zerstörungen des Dreißigjährigen Krieges, ausgestattet mit Barockaltären und -kanzel und einer mit bäuerlichen Tafelgemälden geschmückten Holzkassettendecke, hat eine ganz eigene Atmosphäre.

Der »Lange Bau« und die Kirche von Kloster Wittichen

Der Flurname Silberberg erinnert an den schon für das Mittelalter belegten **Bergbau im Witticher Tal,** Gänge mit Kobalt-Silbererzen durchziehen hier das harte Granitgestein. Während des Dreißigjährigen Krieges kam der Bergbau völlig zum Erliegen, ein Neubeginn erfolgte erst wieder zu Beginn des 18. Jahrhunderts. Neben Silber wurde damals vor allem Kobalt gewonnen und in einem Blaufarbenwerk bei Wittichen verarbeitet. Da auch nach Holland geliefert wurde, darf man vermuten, dass das berühmte Delfter Blau zum Teil aus Wittichen stammte.

Das **Klostermuseum** informiert über die Geschichte von Kloster und Bergbau und ein Lehrpfad erklärt die geologischen Besonderheiten des Tales.

Nur zwei Täler weiter liegt **Alpirsbach,** das zum Kreis Freudenstadt gehört. Die Klosteranlage mit ihrer romanischen Kirche und dem spätgotischen Kreuzgang ist einen Abstecher wert. Das Benediktinerkloster spielte im Mittelalter eine

Eine der ältesten Burgen des Kinzigtals: Ruine Schenkenburg bei Schenkenzell

wichtige kulturelle und politische Rolle für den Mittleren Schwarzwald.

Burgruine Schenkenburg

Zwischen Schenkenzell und Schiltach thront auf einem markanten Felssporn, der die Kinzig zu einer Schleife zwingt, die Ruine Schenkenburg. Wegen Streitigkeiten mit seinem Lehensmann hatte Graf Wilhelm von Fürstenberg 1534 seine eigene Burg niedergebrannt. Sie wurde nicht wieder aufgebaut, zu sehen sind noch der Stumpf des Bergfrieds, der einmal mit Buckelquadern verkleidet war, und die Giebelwand des Palas mit einer dreiteiligen Fenstergruppe im Saalgeschoss.

Schiltach

Spitzgiebelige Fachwerkhäuser prägen das Stadtbild der Gerber- und

Flößerstadt, nicht umsonst führt die Deutsche Fachwerkstraße durch den Ort. Bergwärts, im Eck zwischen Schiltach und Kinzig, liegt das »Städtle«. Nach der Brandkatastrophe von 1590 wurden Heinrich Schickhardt und Georg Beer von Herzog Ludwig von Württemberg beauftragt, »die Gassen abzustecken und Ordnung zu geben, wie zu bauen sei«. So entstand auf abschüssigem Hang der wohlproportionierte, dreieckige **Marktplatz,** ein Kleinod im Kinzigtal. Am höchsten Punkt das **Rathaus,** ein in Stein ausgeführter Renaissancebau. Die qualitätvollen Fachwerkhäuser wurden nach dem zweiten Stadtbrand 1791 auf der alten Ringmauer erbaut. Links vom Rathaus führt die Schenkenzeller Straße durch das »hintere Städtle«, rechts am Rathaus vorbei steigt die enge Schlossbergstraße steil an.

In einem der typischen Ackerbürgerhäuser präsentiert das **Museum am Markt** in lebendiger Weise Herrschafts- und Alltagsgeschichte der Stadt. Wie früher Pillen gedreht und Salben gerührt wurden, kann man gleich gegenüber im **Apothekenmuseum** erfahren, der ehemaligen Ratsapotheke mit ihrer noch original erhaltenen Biedermeierausstattung.

Leder und Holz bestimmten viele Jahrhunderte das Leben in

Marktplatz in Schiltach, in der Bildmitte das Rathaus

Schiltach. Außerhalb der Stadtmauern an der Kinzig liegt das **Gerberviertel,** der älteste Teil der Stadt. In der Firma Trautwein werden noch Schaffelle sämisch gegerbt, nach Voranmeldung kann man den Betrieb besichtigen.

Ein Wellbaum und die Floßgasse am Kinzig-Wehr erinnern an die

Das Museum am Markt in Schiltach, einst ein Ackerbürgerhaus

Zeit, als der Schwarzwald wichtigster Holzlieferant der Niederlande war und »Holländer«, besonders starke Tannen- und Fichtenstämme, über die Schwarzwaldflüsse zum Rhein und weiter nach Norden geflößt wurden. Über Riesen, mit Holz ausgekleidete Rinnen, ließ man die gefällten Stämme in die Täler rutschen. Mit Wieden (Holzseilen) wurden sie zu Gestören zusammengebunden. Mehrere aneinander gereihte Gestöre bildeten das gelenkige Schwarzwaldfloß, das sich optimal den steilen, kurvenreichen Schwarzwaldbächen anpasste. Da die Bäche nicht genug Wasser führten, staute man in einem ausgeklügelten System von Wasserstuben das Wasser auf und fuhr dann auf der Woge des Schwellwassers bis zum nächsten Wehr. Aber auch in Schiltach selbst wurde Holz weiter verarbeitet, zum Beispiel in der Schüttesäge. Hier und im angeschlossenen **Schüttesägemuseum** wird umfassend über die Themen Holz, Sägetechnik und das Handwerk der Gerberei informiert.

Für die Firma Hansgrohe hat Wasser eine besondere Bedeutung, seit gut 100 Jahren werden in Schiltach Armaturen gefertigt. Im firmeneigenen **Hansgrohe Museum** können Besucher unter dem Motto »Wasser – Bad – Design« in 700 Jahre Badekultur abtauchen, von der mittelalterlichen Badstube bis zum modernen Wellnesscenter.

Kloster Wittichen

Kirche:
Täglich 8–18 Uhr.

Klostermuseum:
Mai–Oktober, Sa 10–12 Uhr. Gruppen nach Vereinbarung, Telefon (0 78 36) 13 11.

Schiltach

Museum am Markt,
Marktplatz 13: 1. April–31. Oktober, 11–17 Uhr. 4. Advent–6. Januar, 14–16 Uhr. Sonderöffnungszeiten möglich, Telefon (0 78 36) 58 75.

Apothekenmuseum,
Marktplatz 5: 1. April–31. Mai, Di–So 14.30–16.30 Uhr. 1. Juni bis 31. Oktober, Di–So 10.30–12 Uhr und 14.30–16.30 Uhr. Gruppen nach Voranmeldung ganzjährig, Telefon (0 78 36) 3 60. Sonderöffnungszeiten an Feiertagen.

Schüttesägemuseum,
Hauptstraße 1: 1. April–31. Oktober, 11–17 Uhr und nach Vereinbarung, Telefon (0 78 36) 58 50. Vorführung der Maschinen freitags ab 15 Uhr.

Hansgrohe Museum,
Auestraße 5–9: Täglich 13–18 Uhr und nach Absprache, Telefon (0 78 36) 51 12 08.

Schramberg

Stadtmuseum,
Bahnhofstraße 1: Di–Fr 14–18 Uhr, Sa, So und Feiertage 10–12 Uhr und 14–17 Uhr. 1. Mai–15. September, zusätzlich Di–Fr 10–12 Uhr. Führungen nach Vereinbarung, Telefon (0 74 22) 2 92 68.

Dieselmuseum,
Im Technologie- und Gewerbepark H.A.U.: 1. Mai–30. September, Do 17–20 Uhr, Sa und So 11–17 Uhr. Führungen nach Vereinbarung, Telefon (0 74 22) 2 92 68.

Falkensteiner Kapelle,
Falkensteinstraße 53: 1. Mai bis 15. September, 9–19 Uhr. 16. September–30. April, 10–17 Uhr.

Sulgen

Alte Sankt-Laurentius-Kirche,
Kirchplatz: 1. Mai–30. September, Mi, Do, So 14–17 Uhr sowie an Weihnachten und Neujahr und nach Vereinbarung, Telefon (0 74 22) 78 07.

R2 An Brigach und Breg

Dunkelgrüne Bergkuppen, freundliche Täler und prächtige Schwarzwaldhöfe prägen das Bild des Schwarzwaldes über der Baar. Gut 350 Meter steigt das Land vom Rand der hochgelegenen Baarmulde bis zu den höchsten Höhenzügen an. Über Buntsandstein dehnen sich Wälder aus, auf Gneis und Granit wechseln bewaldete Höhen mit Wiesen und Weiden. In breiten Mulden- und Kastentälern fließen die Donauquellflüsse Brigach und Breg gemächlich zu Tal. Jenseits der Europäischen Wasserscheide, die den Schwarzwald-Baar-Kreis wie eine große Schleife durchzieht, ändert sich das Landschaftsbild. Die tosende Wilde Gutach macht ihrem Namen alle Ehre. Noch weit übertroffen wird sie von ihrer Namensschwester, der Gutach, die sich in den Triberger Wasserfällen 163 Meter in die Tiefe stürzt.

Sankt Georgen im Schwarzwald

Die Geschichte des Ortes ist eng mit einem der ältesten Schwarz-

Heimatmuseum »Schwarzes Tor« in Sankt Georgen im Schwarzwald

Gutach
Schonach im Schwarzwald T8
Schonachbach T8
Stankt Georgen im Schwarzwald
Triberg im Schwarzwald
Rohrhardsberg
Brigach
Schönwald im Schwarzwald T8
Brigachquelle T1
Bregquelle T1
Oberkirnach T6
Triberger Galgen
Unterkirnach T8
Furtwangen im Schwarzwald
Gütenbach
Vöhrenbach
Breg
Linachtalsperre
Balzer Herrgott
Linach
Hexenlochmühle T6
Hammereisenbach-Bregenbach

waldklöster verbunden. 1083 gestiftet, kamen schon ein Jahr später die ersten Mönche aus dem benediktinischen Reformkloster Hirsau. Das **Kloster Sankt Georgen** war nicht nur eines der religiösen und kulturellen Zentren des Mittleren Schwarzwaldes, die Mönche förderten auch aktiv die Urbarmachung des Landes. Mit der Einführung der Reformation in Sankt Georgen 1536 durch Herzog Ulrich von Württemberg begann jedoch eine lange Zeit der Auseinandersetzungen, an deren Ende die endgültige Aufhebung des Klosters und die Übersiedlung der Mönche ins katholische Villingen standen. Die Klostergebäude brannten in den Kriegswirren 1633 ab, die Ruinen dienten später als Steinbruch, schließlich wurde das Gelände überbaut.

Wer sich auf Spurensuche begibt, findet die **Klosterlinde.** Der 300 bis 400 Jahre alte Baum steht innerhalb der ehemaligen Klostermauern. Beim Schulhausbau 1958 war man auf die Fundamente des Klosters gestoßen, im Lapidarium des Klosterhofs wird gezeigt, was an »schönen Steinen« übrig blieb. Die neuere Geschichte Sankt Georgens ist eng mit der **Uhren- und Phonoindustrie** verbunden. In den 1970er-Jahren entstand das moderne Stadtzentrum mit neuem Rathaus.

Heimatmuseum »Schwarzes Tor« >T6
Phonomuseum >T8

Triberger Galgen

Ein makaberes Denkmal aus vergangener Zeit findet sich an der Straße Schönwald–Villingen, zwischen dem Stöcklewaldparkplatz und dem Abzweig nach Sankt Georgen im Schwarzwald: zwei mächtige, etwa sechs Meter hohe Granitpfeiler, die durch einen höl-

Der alte Galgen der Herrschaft Triberg

zernen Querbalken verbunden sind. Es ist der alte Galgen der Herrschaft Triberg. An der ehemaligen Grenze gelegen, die hier über die Dreybergshöhe verlief, zeigte er die beginnende Gerichtshoheit der vorderösterreichischen Obervogtei Triberg an. Die letzte Hinrichtung erfolgte 1776, unter Kaiser Josef II. wurde die Todesstrafe 1786 abgeschafft.

Triberg im Schwarzwald

Von den Herren von Triberg im 13. Jahrhundert als Burgort gegründet, blieb Triberg bis in die Neuzeit hinein eine Zwergstadt. 1355 kam sie in den Besitz Habsburgs, wurde aber häufig verpfändet. Von der Burg sind Reste erhalten, das Städtchen gibt es nicht mehr. 1826 brannten bei einem Feuer 99 Häuser nieder, beim Wiederaufbau entwarf man eine neue Stadt. Triberg, der rundum schöne Ort zwischen Tälern und Höhen, darf sich heute »Heilklimatischer Kurort« nennen.

Die **Triberger Wasserfälle,** die höchsten in Deutschland, locken Tausende an. Schon von weitem hört man das tosende Rauschen. Kommt man näher, schluckt der ohrenbetäubende Lärm jedes Wort. Den harten Granit stetig bearbeitend, stürzt die Gutach über sieben Kaskaden 163 Meter in die Tiefe. Auf Stegen kann man sich an der Lebendigkeit des Wasserfalls erfreuen und den erdgeschichtlichen »Augenblick« genießen, denn »irgendwann« wird es die Gutach soweit gebracht haben, dass der Wasserfall bei Schönwald tost – ein Glück für Triberg, dass Granit so widerspenstig ist. Selbst im Winter ist der Wasserfall ein Top-Ausflugsziel. Zu den unteren Kaskaden führt ein sicherer Weg und die Beleuchtung lässt die mächtigen Eisgebilde am Wasserfall funkeln und strahlen.

Die Triberger Wasserfälle

Bäuerliche Trachten im Schwarzwaldmuseum in Triberg

Berühmtheit erlangte Triberg auch als Wallfahrtsort. Die **Barockkirche »Maria in der Tann«** wurde zu Beginn des 18. Jahrhunderts erbaut. Der schlichte Kirchenraum lebt von den prächtigen Altären und der Kanzel, die der Villinger Bildhauer Anton Joseph Schupp zwischen 1703 und 1705 geschaffen hat. Das Gnadenbild, eine kleine Marienfigur in einem Tannenstamm, bildet das Zentrum des Hochaltars. Malerisch ist das kleine Mesnerhaus neben der Kirche.

Eigenwillig und humorvoll sind die Szenen aus dem Leben im Schwarzwald, die Karl Josef Fortwängler, auch »Schnitzersepp« genannt, 1926 für den **Rathaussaal** schnitzte. Der Saal im ersten Stock des Rathauses kann besichtigt werden.

Eine wahre Fundgrube zur Geschichte des Schwarzwaldes ist das **Triberger Schwarzwaldmuseum.** Fastnachtsfiguren, Trachten, der begehbare Stollen eines Bergwerks, Werkstätten vergessener Berufe, Uhren, Drehorgeln und, und, und. Beim Studieren des Dioramas der **Schwarzwaldbahn** mit laufenden Zügen wächst die Lust auf eigenes Erleben. Gezeigt wird der reizvollste Streckenabschnitt von Niederwasser bei Hornberg bis Sankt Georgen-Sommerau.

448 Höhenmeter galt es beim Bau zu überwinden. Der badische Ingenieur Robert Gerwig löste die Aufgabe auf geniale Weise. Er verzichtete auf Brücken und ersann eine Trasse mit 36 Tunnels und Kehrtunnels sowie zwei Doppelschleifen bei Triberg, um so die Strecke von elf auf 26 Kilometer zu verlängern. Für den Sommerau-Tunnel, mit 1,7 Kilometern der längste, waren riskante Sprengungen nötig, um durch den harten Granit zu stoßen. Die Bauzeit betrug sechs Jahre, zeitweilig waren 750 Arbeiter beschäftigt, darunter viele Italiener. Ohne Zweifel wäre eine Streckenführung über Schiltach–Schramberg–Königsfeld billiger gewesen, doch die hätte durch das ausländische Württemberg geführt. 1873 wurde die Großherzoglich-Badische-Schwarzwaldbahn dem Verkehr übergeben.

Fastnacht >T7
Uhren >T8

Rohrhardsberg

Etwa auf der Höhe von Triberg im Schwarzwald verläuft die Grenze zwischen den beiden **Naturparks Schwarzwald Mitte/Nord und Südschwarzwald,** an denen die Region Anteil hat. Das 2125 Hektar große Waldgebiet zwischen Brend (1149 Meter) und Rohrhardsberg (1163 Meter) mit seinen Mooren, Besenginster- und Flügelginsterweiden, Goldhaferwiesen, Nasswiesen und den Felsbereichen ist ökologisch besonders wertvoll. Um die Biotope und vor allem auch die ruhebedürftigen Waldvogelarten zu schützen, versucht man in einem Modellprojekt einen Ausgleich zwischen Naturerhalt und den Interessen der Erholungssuchenden zu finden. So sind Wanderer aufgefordert, in den Ruhebezirken die Wanderwege nicht zu verlassen. Dadurch bleiben Rückzugsräume für Auerwild und Lebensraum für seltene Vögel wie Dreizehenspecht, Rauhfuß- und Sperlingskauz erhalten.

Während des spanischen Erbfolgekrieges ließ Markgraf Ludwig von Baden, der »Türkenlouis«, von 1701 bis 1704 riesige Verteidigungslinien gegen die Franzosen bauen. Von Wald überwachsene Reste dieser **Schanzen** sind auf dem Rohrhardsberg noch zu sehen.

Furtwangen im Schwarzwald

Die Geschichte des Dorfes Wangen an der Furt begann Mitte des

Zimmer im Gasthaus »Arche« in Furtwangen im Schwarzwald: Das Gasthaus wurde auf Wunsch der letzten Besitzerin ein Museum.

12. Jahrhunderts, als das Kloster Sankt Georgen an der Breg umfangreiche Rodungen veranlasste, die erste urkundliche Nennung ist für das Jahr 1179 belegt. Bis ins 16. Jahrhundert lebten die Bauern hauptsächlich von der Viehzucht, später kam das Handwerk hinzu. Neben Glasbläsern und Strohflechtern sorgten vor allem die Uhrenmacher für ein verbessertes Einkommen, Furtwangen wurde zu einer Wiege der Schwarzwälder Uhrenfertigung, 1873 erfolgte die Erhebung zur Stadt. Einer der berühmten Holzschnitzer des Schwarzwaldes, Matthias Faller (1707–1791), der auch Uhrengehäuse gestaltete, schnitzte für die **Cyriakuskirche** in Furtwangen um 1730 die kostbaren Figuren »Bettler« und »Christus, an einen Pflock gefesselt«, die in die neue Kirche von 1863 übernommen wurden. Im Stadtteil Neukirch in der **Kirche Sankt Andreas** finden sich weitere Werke des Künstlers. Bekannt ist Furtwangen seit langem als Ferienort. Am Beginn der Katzensteigstraße steht das **Gasthaus »Arche«**, ein Kleinbauernhof mit Schankwirtschaft und Gästezimmern. Auf Wunsch der letzten Besitzerin Martha Bob wurde daraus nun ein Gast-Haus-Museum. Die Inneneinrichtung ist seit den 1950er-Jahren nicht mehr verändert worden und so kann man authentisch erleben, wie der Schwarzwald-Urlauber in den Wirtschaftswunderzeiten untergebracht war.

Fastnacht >T7
Deutsches Uhrenmuseum >T8

Gütenbach

Gütenbach im Gebiet der Breg und der Wilden Gutach ist ein beliebter Ferienort in einer vielfältigen Landschaft, die die Wasser teils modellierend, teils zerklüftend geformt haben. Ein Wandergebiet für rustikale Wanderer ebenso wie für die anderen, die es lieber leichter haben. Eine schöne alte Mahlmühle besitzt der Bühlhof, zu finden im Hintertal, am Eingang zum Hübschental. Um 1780 wurde sie erbaut, allerdings nicht hier, sondern auf dem Pfeiffenhansenhof bei Furtwangen. Erst 1927 kam sie nach Gütenbach. So erklärt sich auch der geläufige Name »**Sägemühle**«, er stammt noch von einer Vorgängermühle, die an dieser Stelle schon für das Jahr 1680 belegt ist. 1985 wurde die Mühle als erhaltenswertes Kulturdenkmal eingestuft.

Balzer Herrgott

Eine Rarität ist auf dem Oberfallengrund, hoch im Wald versteckt, der Balzer Herrgott. Vor etwa 130 Jahren soll die aus Buntsandstein ge-

Die sogenannte Sägemühle in Gütenbach

Der »Balzer Herrgott« wird von einer Buche umschlossen.

hauene Christusfigur am Stamm einer Buche aufgestellt worden sein. Allmählich, wie schützend, umhüllte die Buche den Christus mit ihrem Stamm und hätte auch fast seinen Kopf in ihrer Obhut gehabt. Doch 1986 wurde der von Künstlerhand geschaffene Christuskopf wieder vorsichtig freigelegt. (Der Balzer Herrgott ist aus verschiedenen Richtungen zu erreichen. Von Gütenbach und von Neueck aus führen gut ausgeschilderte Wanderwege in etwa einer Stunde zu dem Baumdenkmal.)

Dorf- und Uhrenmuseum >T8

! Gute Unterhaltung auf hohem Niveau garantiert das **hanh art kunstprojekt** in Gütenbach, im Zentrum des Veranstaltungsprogramms stehen Kabarett und Musiktheater.

Informationen: www.hanhart-kunstprojekt.de oder Telefon (0 77 23) 26 99.

Vöhrenbach

1244 gründeten die vier Grafen Gebhard und Gottfried von Urach, Konrad von Urach-Freiburg und Heinrich von Urach-Fürstenberg »auf ihrem Gute in Verinbach« eine neue Stadt als Ausgangspunkt für die Erschließung der umliegenden Schwarzwaldtäler. Der Ort entwickelte sich zu einer kleinen Ackerbürgerstadt mit drei Toren, die Häuser waren dicht aneinander in die Runde gebaut. 1806 kam die fürstenbergische Stadt an Baden.

Vöhrenbach suchten 1413, 1544 und 1639 verheerende Brandkatastrophen heim – Erfahrungen, die

Das Vöhrenbacher Bruderkirchle, die Michaelskapelle »uff der Steig«

sich in der schaurigen Sage von den sieben Jungfrauen niederschlugen, die vor ihrem Tod auf dem Scheiterhaufen beim Bruderkirchle die drei Brände vorhergesagt hätten. Nach dem letzten großen Stadtbrand 1819 entwarf der Großherzogliche Regierungsbaumeister Friedrich Weinbrenner das heutige Ortsbild. Das **Rathaus** in klassizistischen Formen stammt aus dem Jahr 1821. Wertvolle Figuren des Vöhrenbacher Bildhauers Adam Winterhalder (1652–1737) und seines Sohnes Johann Michael Winterhalder (1706–1759) birgt die **Pfarrkirche Sankt Martin,** ein schlichter Bau aus den 1950er-Jahren.

Das **Bruderkirchle,** die Michaelskapelle »uff der Steig«, liegt an der alten Straße nach Villingen. Das Kirchlein wurde ganz und gar ausgemalt und erhielt im 18. Jahrhundert einen hübschen, bäuerlichen Rokokoaltar und zwei einfachere Seitenaltäre, das Deckengemälde zeigt einen Einsiedlermönch bei der Kapelle. In der kleinen Wohnung über der Kapelle lebten einst Waldbrüder.

Orchestrion >T8

Linachtalsperre

Erfindungsgeist war in den 1920er-Jahren gefragt, als der Strom des Vöhrenbacher Elektrizitätswerks für Stadt und Umgebung nicht mehr ausreichte und man dennoch vom großen Stromlieferanten wegen Bedienungsausfällen unabhängig werden wollte. So wurde 1921 bis 1925 die Linachtalsperre erbaut, die erste Eisenbetonstaumauer in Deutschland überhaupt. Sie hat eine Höhe von 25 Metern und eine Breite von 143 Metern. Einzigartig in ganz Europa ist sie durch ihre besondere, aufgelöste Bauweise. Die Talsperre besteht aus einer gegliederten Gewölbemauer, deren Pfeiler den Wasserdruck auf den Felsuntergrund übertragen.

Die Linachtalsperre bei Vöhrenbach

Am 15. Dezember 1923 in Betrieb genommen, lieferte das Linach-Kraftwerk fast 50 Jahre lang Strom, das Aus kam 1969. Die Staumauer war sanierungsbedürftig, außerdem zweifelte man an der Rentabilität. 1963 schon abgesenkt, wurde das Stauwasser 1987/88 ganz abgelassen. Ebenso wie die Talsperre steht auch das im Jugendstil erbaute Kraftwerksgebäude unter Denkmalschutz.

Pläne, die Anlage wieder in Betrieb zu nehmen, gibt es schon seit längerer Zeit. In einem ersten Schritt liefert das Linach-Kraftwerk seit 1998 wieder Strom, 250 Haushalte können mit »Grüner Energie« versorgt werden. Mittlerweile haben auch die Bauarbeiten an der Sperre selbst begonnen. Ende des Jahres 2006 soll dann auch die Staumauer reaktiviert sein. Auf einem Rundweg vom Kraftwerksgebäude an der Kohlbrücke bis zur Talsperre und zurück wurde ein Wasserkraftlehrpfad mit Informationstafeln eingerichtet, das Kraftwerk kann nach Absprache besichtigt werden.

Hammereisenbach-Bregenbach

Zur Sicherung ihres Territoriums bauten die Grafen von Fürstenberg auf einem Sporn über dem Zusammenfluss von Eisenbach und Breg die **Burg Neufürstenberg.** Sie hatte weder Wehr- noch Wohnturm, jedoch eine mächtige Schildmauer, vier Meter stark, aus Bruchsteinen errichtet. Den Wehrgang auf der Mauerkrone erreichte man durch eine Treppensteige, die Wohngebäude saßen auf der Umfassungsmauer auf. Eine schlichte, zweckmäßige Burg, die 1381 erstmals Erwähnung fand, aber möglicherweise schon früher gebaut wurde. Die Burg diente zur Kontrolle der Talwege über den Schwarzwald ins Rheintal und als Zollstelle. Im April 1525 zog der berüchtigte Bauernführer Hans Müller aus Bulgenbach mit seinen Bauern vor die Burg, ließ Burgvogt Behe Spießruten laufen und zündete die Burg an. 1979 wurde die Ruine Neufürstenberg als Kulturdenkmal eingetragen und grundlegend gesichert, sie ist frei zugänglich.

Seit 1523 ist der »Hammer vom Eisenbach« bezeugt. Wasserkraft und Holz, das hier reichlich zur Verfügung stand, war die Voraussetzung für die Gründung des fürstenbergischen Eisenwerks, in dem die nahen Erzvorkommen aus den Stollen bei Eisenbach, Urach, Fahlenbach und teilweise auch von Blumberg bearbeitet werden konnten. Daneben siedelte sich auch Eisen verarbeitendes Handwerk an. 1867 wurde das Werk stillgelegt. Von den Anlagen sind kaum noch Spuren zu erkennen

Älter als Neufürstenberg ist die 1225 erstmals erwähnte, von den Zähringern erbaute und später ebenfalls fürstenbergische **Burg Zindelstein** an der Straße nach Furtwangen. Die Ruine ist durch Hangrutschungen sehr gefährdet, das Betreten daher strikt verboten.

Hammereisenbach-Bregenbach, im Hintergrund die Burgruine Neufürstenberg

Gütenbach

Sägemühle, Hübschental 1: Mühlenvorführungen für Gruppen auf Anfrage, Telefon (0 77 23) 93 06 11.

Triberg im Schwarzwald

Rathaus, Hauptstraße 57: Mo–Fr 9–12 Uhr und Mo–Do 14–16 Uhr, Telefon (0 77 22) 86 64 90.

Schwarzwaldmuseum, Wallfahrtstraße 4: Täglich 10–17 Uhr, Telefon (0 77 22) 44 34.

Vöhrenbach

Kraftwerk Linachtalsperre: Besichtigung nach Absprache, Telefon (0 77 27) 5 01–1 15.

Zwischen Schwarzwald und Schwäbischer Alb

R3 An Neckar und Glatt

Das Kuppen- und Hügelland zu beiden Seiten des Neckars zählt zu den Oberen Gäuen. Der Name Gäu steht – in Abgrenzung zu Waldgebieten – für eine weite, offene Landschaft. Doch Gäu ist nicht gleich Gäu, dem aufmerksamen Betrachter erschließen sich Naturräume mit ganz eigenem Charakter. Weite Bereiche der Höhen westlich des Neckars sind von Trockentälern durchzogen, ebenso deutliche Zeichen einer Karstlandschaft wie das Dolinenfeld bei Bösingen und die eindrucksvollen Karsthöhlen bei Oberndorf am Neckar, die Wasserfallhöhle und die Haugenlochhöhle. In den Mulden finden sich auf Lettenkeuper aber auch tiefgründige Lehmböden. Richtung Schwarzwald verweisen mit Hecken bewachsene Lesesteinriegel auf steinige Äcker und geben diesem Landschaftstyp den Namen Heckengäu.

Weit in den Buntsandstein eingeschnitten hat sich die Glatt, ein westlicher Nebenfluss des Neckars. Steile, bewaldete Berghänge verleihen dem Tal bei Leinstetten und Bettenhausen Schwarzwaldcharakter. Erst bei Hopfau und Glatt gleicht sich das Landschaftsbild dem Neckartal an.

Östlich des Neckars sind die Platten des Oberen Muschelkalks mit Keuper und fruchtbarem Lösslehm bedeckt und bieten sehr gute Voraussetzungen für landwirtschaftliche Nutzung. Der anschließende Streifen aus Gipskeuper eignet sich bestens für den Obstanbau, darüber steigt das dicht bewaldete und kaum besiedelte Keuperbergland an und führt hinauf auf die Liasplatten des Albvorlands.

Kloster Kirchberg

In die Waldeinsamkeit des Berglands zogen sich im Mittelalter Männer und Frauen zurück, um ein kontemplatives Leben zu führen. Das Dominikanerinnenkloster Kirchberg war im Spätmittelalter ein bedeutendes Zentrum der Frauenmystik. Abgeschiedenheit, Betrachtung,

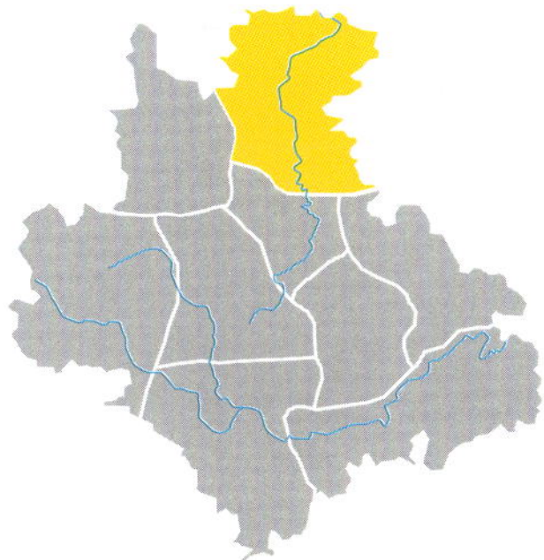

Lichtenfels T4
Leinstetten
Glatt
Glatt
Sulz am Neckar
Albeck T4
Kloster Kirchberg
Bergfelden
Kloster Bernstein
Dornhan
Neckar
BochIngen T3
Oberndorf am Neckar
Waseneck
Lichtenegg
Schlichem-
klamm T2
Bösingen T6
Herrenzimmern T4
Gößlingen

Kloster Kirchberg, einst Zentrum mittelalterlicher Frauenmystik

Herzlichkeit, das sind Worte, die erstmals in den Schriften der Mystik ersonnen wurden, um die spirituelle Erfahrung von Weltferne und Gottnähe ausdrücken zu können. In der Stille des in Teilen erhaltenen gotischen Kreuzgangs und im anschließenden kleinen Nonnenfriedhof ist noch etwas von diesem Geist zu spüren. Weit reicht hier der Blick über das Albvorland und den Albtrauf bis zur Burg Hohenzollern.

Ihr heutiges Gesicht erhielt die **Klosteranlage** durch die Bautätigkeit des 17. und 18. Jahrhunderts. Die gotische **Bettelordenskirche** wurde 1688 durch Tiroler Werkmeister barockisiert. Viel Humor steckt in den Seitenwangen der Kirchenbänke, die 1748 ein Bruder aus dem benachbarten Kloster Bernstein schnitzte. Auf einer Wange hat er sich selbst als »Streikenden« verewigt, weil der »Brotkorb« zu hoch hing, sprich: weil er zu schlecht bezahlt wurde. Aus der Vorgängerkirche sind Grabmale der Stifterfamilie, der Grafen von Hohenberg, erhalten. Der **Konventsbau** wurde 1733 von Joseph Feuerstein errichtet, einem Rottweiler Baumeister. Die Klostergebäude dienen heute als Tagungshaus und Begegnungsstätte der Evangelischen Michaelsbruderschaft und des Berneuchener Dienstes.

Kloster Kirchberg

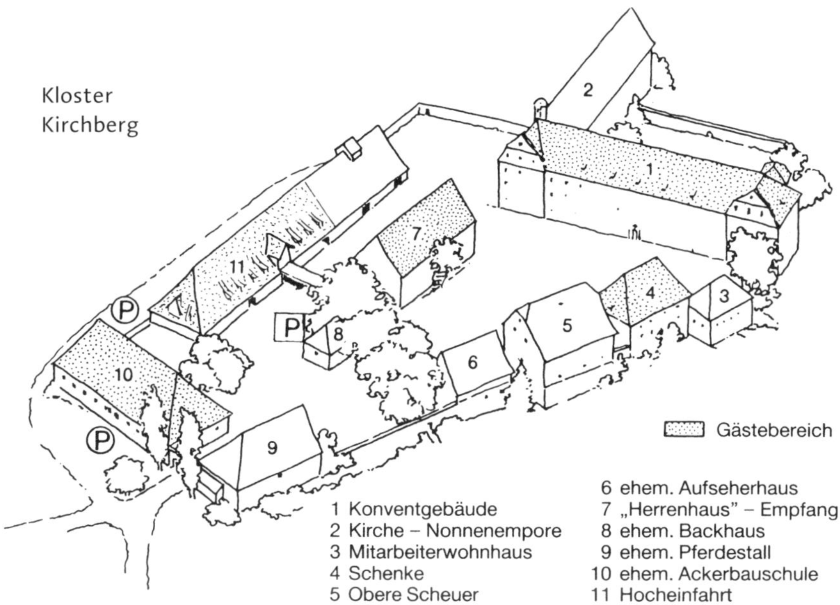

Ein Ort zeitgenössischer Kunst: das Kloster Bernstein

Kloster Bernstein

Ganz in der Nähe des Frauenklosters entstand aus einer kleinen Einsiedelei das Kloster Bernstein. Die Waldbrüder lebten zunächst nach ihrer eigenen strengen Regel und schlossen sich erst um 1500 dem Franziskanerorden an. Eine Ziegelei, Weinberge, einen Steinbruch und Holzwerkstätten bewirtschafteten die Mönche eigenhändig – Bernsteiner Ziegel finden sich noch auf manch altem Dach der näheren Umgebung. 1728 bis 1733 wurde durch Joseph Feuerstein der ausgesprochen schlichte Klosterneubau erstellt, lediglich die **Kirche** erhielt Stuckaturen und Fresken. Die Altäre der Kirche schmücken seit der Säkularisation die Mauritiuskirche in Bochingen. Zu einem Begriff in der Kunstgeschichte wurde Kloster Bernstein, das sich heute in Privatbesitz befindet, durch die 1946 von Paul Kälberer gegründete Kunstschule, an der unter anderem HAP Grieshaber wirkte. Die Geschichte der **Bernsteinschule** wird in der Galerie Schloss Glatt erzählt.

Bergfelden

Wahrzeichen des kleinen Ortes ist die 1513 bis 1517 erbaute **Remigiuskirche,** eine der besterhaltenen Wehrkirchen Württembergs. Die mächtige, turmbesetzte Befestigungsmauer ist auf der Südseite doppelt ausgeführt und bot einst auch einem kleinen Dominikanerinnenkloster Schutz. Im Inneren der Kirche wurden spätgotische Fresken zur Heilig-Kreuz-Legende und zum Leben des heiligen Remigius freigelegt.

Schloss Glatt

Vor den grünen Hängen des Glatttals präsentiert sich eines der eindrucksvollsten Renaissanceschlösser des Landes. Die dreiflügelige Anlage mit runden Ecktürmen und spitzgiebeligem Torbau, umgeben

!

Neben vier Museen bietet das Kultur- und Museumszentrum Schloss Glatt, das von der Stadt Sulz am Neckar und vom Landkreis Rottweil getragen wird, ein abwechslungsreiches **Kulturprogramm.**

Informationen: www.sulz.de, www.landkreis-rottweil.de, www.schloss-glatt.de oder Telefon (0 74 82) 80 77 14 und (0 74 82) 73 45.

Das Renaissanceschloss Glatt, heute Kultur- und Museumszentrum

von einem kreisrunden Wassergraben, bildet heute den glanzvollen Rahmen für das Kultur- und Museumszentrum Schloss Glatt. Gleich vier Museen sind zusammengeschlossen: das Schlossmuseum, das Adelsmuseum, die Galerie Schloss Glatt und das Bauernmuseum.

Schloss- und Adelsmuseum >T4
Bauernmuseum >T6
Galerie Schloss Glatt >T10

Leinstetten

In Leinstetten sollte man sich Zeit für eine gemütliche Wanderung nehmen, so lassen sich die kleinen und größeren Schätze des Ortes und der landschaftliche Reiz des oberen Glatttals am besten erkunden. Auf einer Anhöhe über dem alten Ortsteil liegt die **Kirche Sankt Stephanus.** Sie wurde im Jahre 1946 in stilistischer Anlehnung an die Romanik erweitert, der spätgotische Chor liegt nun quer zum neuen Kirchenschiff. Glanzstück des Inventars ist der Flügelaltar mit dem romanischen Gnadenbild einer Maria mit Kind.

Bei der Mündung des Heimbachs in die Glatt am Ortsausgang Richtung Bettenhausen wird hinter einer Mauer das in Privatbesitz befindliche **alte Schloss** mit seinem schönen Renaissancegiebel sichtbar. In dem Bau stecken noch Teile einer älteren Niederburg. Auf der anderen Straßenseite führt ein breiter Weg bergan und dann bequem durch den Wald zur **Burg Lichtenfels** mit ihrer wehrtechnisch interessanten Schildmauer.

Etwa auf halbem Wege markiert ein Sandsteinblock den Einstieg zu einem schmalen Pfad, bergab zum **Grabmal des Freiherrn Jacob von Frank,** der als Protestant nicht auf dem Gottesacker der katholischen Gemeinde beerdigt werden sollte. An Minnesang und Schlachtenlärm erinnert schließlich das **Minnesängerdenkmal** in den Kreuzwiesen im Tal der Glatt, etwas außerhalb des Ortes. 1298 fiel hier in der Schlacht von Leinstetten Albrecht II. von Hohenberg. In den Auseinandersetzungen zwischen Rudolf von Habsburg und Adolf von Nassau um die Königskrone war er Parteigänger des Österreichers. Als Minnesänger fand er Eingang in die

Sankt Stephanus in Leinstetten beherbergt einen spätgotischen Flügelaltar mit romanischer Madonnenfigur.

Manessische Liederhandschrift, überliefert sind eine Miniatur mit der Kampfszene sowie zwei Strophen des Dichters. Seine letzte Ruhe fand er im Kloster Kirchberg.

Burgruine Lichtenfels >T4

Dornhan

Die alte württembergische Amtsstadt gab der Dornhaner Platte den Namen, einer bäuerlichen Höhenlandschaft zwischen Glatt und Heimbach. Kommt man von Bettenhausen durch das Tal des Zitzmannsbrunnenbachs, zeigt sich die Stadt von ihrer Schokoladenseite,

Stadtsilhouette von Dornhan

der Verlauf der Häuserzeilen an der Hangkante lässt die alte Befestigung noch erahnen. Viel blieb von der mittelalterlichen Stadt jedoch nicht übrig, Dornhan wurde von mehreren schweren Stadtbränden heimgesucht. Den höchsten Punkt nimmt die **evangelische Stadtkirche** ein, ihr gedrungener Turm ruht auf romanischem Sockel und war in die Stadtmauer einbezogen. Den hoch aufragenden spätgotischen Chor schmückt ein Kreuzgratgewölbe.

Sulz am Neckar

Klassizistische Regelmäßigkeit prägt das Bild der Stadt Sulz am Neckar, die sich ins enge Neckartal schmiegt. Nach einem verheerenden Stadtbrand war sie Ende des 18. Jahrhunderts neu aufgebaut worden. Der übereck gestellte quadratische **Marktplatz** verbindet über die Diagonalen die Hauptachsen der Stadt, Treppenstufen führen hinauf zur spätgotischen **evangelischen Pfarrkirche.** Die Westturmanlage wurde in den Jahren 1513 bis 1515 von Meistern der Wimpfener Bauhütte errichtet. Drachen, Fratzen und Bärenköpfe schmücken den Kirchturm, sie stammen noch aus der Vorgängerkirche. Den großen, weiten Chor überspannt ein prächtiges Sterngewölbe.

Das **Bauernfeind-Museum** an der Hauptstraße in Marktplatznähe ist dem 1848 in Sulz geborenen bedeutenden Orientmaler Gustav Bauernfeind gewidmet und zeigt einen repräsentativen Querschnitt durch sein Werk.

Wir sind neugierig ...

... was Sie von dem Buch halten, dem Sie diese Karte entnommen haben.

Titel des Buches:

Wie wurden Sie auf dieses Buch aufmerksam?

Bitte schreiben Sie uns ganz offen Ihre Meinung! Sie ist wichtig für unsere weitere Verlagsarbeit.

Im Silberburg-Verlag erscheint ***»Schönes Schwaben«*** – die farbige Monatszeitschrift zu Kultur, Geschichte, Landeskunde. Informativ und unterhaltsam, aktuell und zeitlos. Mit traumhaft schönen Fotos und interessanten Artikeln von kompetenten Autoren. Das Magazin, in dem auch die schwäbische Mundart gepflegt wird. Sollen wir Ihnen ein kostenloses Probeheft senden?

☐ Ja ☐ Nein

Der Silberburg-Verlag hat sich auf Themen aus Baden-Württemberg spezialisiert. Haben Sie dazu Vorschläge, zum Beispiel zu neuen Büchern?

... Sie auch?

Dann tragen Sie bitte umseitig Ihre Anschrift ein. Sie erhalten fortan regelmäßig Prospekte und Informationen über unsere neuen Bücher.

Große Bedeutung erlangte Sulz am Neckar durch die **Salzgewinnung,** bereits 1064 gestattete König Heinrich IV. das Salzsieden. Das weiße Gold weckte die Begehrlichkeiten der benachbarten Württemberger, denen es schließlich 1471 gelang, den Herren von Geroldseck die Stadt samt Saline abzuringen. Die Solequelle lag mitten in der Stadt auf dem Marktplatz, umgeben von 14 Siedehäusern. 1571 wurde auf dem Wöhrd außerhalb der Stadtmauern ein neues, großes Siedehaus gebaut. Zudem kam eine technische Neuerung zum Einsatz: Man erhöhte vor dem Sieden den Salzgehalt der Sole durch Verdunsten in sogenannten Gradierwerken, lang gestreckten Hallen, in denen die Sole über Filter aus Strohbü-

Marktplatz in Sulz am Neckar

Unten: Der Weg zur Burgruine Albeck führt vorbei an einer unter Naturschutz stehenden Wacholderheide.

scheln lief. Dadurch konnte der gigantische Holzbedarf für das Sieden deutlich verringert werden – ein früher Beitrag zur Ökologie. Heinrich Schickhardt beschrieb 1595 die neuen Gradierwerke und machte Vorschläge für eine noch kostengünstigere Salzgewinnung. Die Sole leitete man vom Marktplatz in Deicheln über eine hölzerne Neckarbrücke zu den neuen Anlagen, in den Jahren 1740 bis 1742 wurde dann die hochwassersichere **Waldhornbrücke** gebaut.

Der Weg hinauf zur **Burgruine Albeck** führt durch **eines der ältesten Naturschutzgebiete** im Landkreis Rottweil. Auf der von Wacholder durchsetzten Kalkmagerweide blühen je nach Jahreszeit seltene Orchideen wie Bienenragwurz und Bocksriemenzunge sowie Enzian, Silberdistel und Küchenschelle. Aber auch wahre Riesen gilt es im angrenzenden Wald zu entdecken. Obwohl sie noch in den Kinderschuhen stecken, überragen die 1865 gepflanzten Mammutbäume, die immerhin bis zu 4000 Jahre alt werden können, längst ihre Nachbarn (Waldlehrpfad beziehungsweise Wanderweg mit rotem Kreuz Richtung Süden).

Römerkeller >T3
Burg Albeck >T4

Oberndorf am Neckar

Die Altstadt von Oberndorf wurde spätestens Mitte des 13. Jahrhunderts – vermutlich von den Herzögen von Teck – auf einer zwischen Sulzhalde und Mühlberg eingebetteten Kalktuffterrasse angelegt, eine Stadtmauer umschloss einst das ganze Areal. Nach mehreren Stadtbränden bestimmen Bauten des 18. und 19. Jahrhunderts das Bild der Altstadt. In freundlichem Rot leuchtet das **alte Rathaus,** davor der barocke Marktbrunnen, im Sockel Sandsteinwappen, die an die wechselhafte Stadtgeschichte erinnern. 400 Jahre gehörte Oberndorf zu Vorderösterreich, war aber an die verschiedensten Herren verpfändet, 1805 kam die Stadt schließlich an Württemberg. Mit der 1926 von Otto Linder erbauten und 1970 durch Franz Brümmendorf umgestalteten **Michaelskirche** besitzt Oberndorf ein Baudenkmal des Expressionismus. Seit der Innenrenovierung 2005/06 erstrahlt die Raumschale mit ihren ellipsenförmigen Bögen in lichtem Blau und nimmt so die Farbigkeit der großen Engelfenster auf, die zum Teil von der Jugendstilkünstlerin Maria Hiller-Foell gestaltet wurden.

Am Fuß der Terrasse, in der Talstadt, liegt das **Augustinerkloster,** vielleicht ebenfalls eine Gründung der Herzöge von Teck. Ursprünglich ein Frauenkloster, wurde das Haus 1557 in ein Männerkloster umgewandelt und 1559 offiziell den Augustiner-Eremiten übergeben.

Das Waffenmuseum im Schwedenbau in Oberndorf am Neckar

Oberndorf am Neckar: die ehemalige Augustinerklosterkirche

Die heutige dreiflügelige Anlage, die auf der Nordseite von der Kirche geschlossen wird, stammt aus den Jahren 1772 bis 1779. Als Kirchenbaumeister gewannen die Augustiner den Haigerlocher Christian Großbayer. Das Rokokoportal ist das Werk seines Landsmanns Johann Georg Weckenmann. Die Innenausmalung übernahm Johann Baptist Enderle, einer der bedeutendsten schwäbischen Rokokofreskanten, der hier, schon am Übergang vom Rokoko zum frühen Klassizismus, eines seiner Meisterwerke schuf. Nicht minder bemerkenswert sind die Stuckaturen von Andreas Henckel.

Dass die Klosterkirche heute wieder in ihrer alten Schönheit erstrahlt, ist ein Kabinettstück der Denkmalpflege. Nach der Säkularisation war 1811 im Kloster die königlich-württembergische Gewehrfabrik eingerichtet worden, die Keimzelle der späteren Waffenfabrik Mauser und Ausgangspunkt der Industrialisierung Oberndorfs. Erst in den Jahren 1972 bis 1978 konnte der schwer beschädigte Bau gerettet werden. Im Konventsgebäude sind heute Rathaus und Polizei untergebracht, die Kirche bietet als **Kulturhaus der Stadt** den glanzvollen Rahmen für kulturelle Veranstaltungen.

Gleich nebenan, im **Museum im Schwedenbau,** einem ehemaligen Fabrikgebäude der Mauserwerke, zeigt das **Heimatmuseum** Exponate zur Vor- und Frühgeschichte am oberen Neckar, wie den Trichtinger Silberring aus der La-Tène-Zeit oder Funde aus dem merowingerzeitlichen Gräberfeld von Beffendorf, und vermittelt zudem Einblicke in die Stadtgeschichte Oberndorfs. Das **Waffenmuseum** dokumentiert die Waffenentwicklung von 1811 bis heute.

Auf der Höhe breitet sich der jüngste und mittlerweile größte Oberndorfer Stadtteil aus, der Lindenhof. Wenige Kilometer westlich liegt versteckt im Aichwald die

Unter dem Titel **»Oberndorfer Meisterkonzerte in der ehemaligen Klosterkirche«** veranstaltet die Südwestdeutsche Mozart-Gesellschaft e. V. in Zusammenarbeit mit der Stadt Oberndorf am Neckar alljährlich eine vielseitige, künstlerisch anspruchsvolle Konzertreihe, bei der nicht nur Mozart zu hören ist.

Informationen: www.sw-mozartgesellschaft.de oder beim Kulturamt der Stadtverwaltung, Telefon (0 74 23) 77 11 61.

Schwedenschanze, die jedoch nichts mit dem Dreißigjährigen Krieg zu tun hat. Es handelt sich vielmehr um eine keltische Viereckschanze. Die **Burgruine Waseneck** nahe der Straße von Altoberndorf nach Beffendorf wurde Ende des 13. Jahrhunderts erstmals erwähnt, zu ihren Besitzern gehörten die Herzöge von Teck und die Grafen von Hohenberg. Bereits 1460 wird sie in der »Zimmernschen Chronik« als »verfallen Burgstall« bezeichnet.

Fastnacht >T7

Schloss Lichtenegg

Auf einem Felssporn über dem Schenkenbachtal liegt Schloss Lichtenegg. Schon die exponierte Lage verrät den wehrhaften Ursprung und auch das Schloss selbst hat trotz mehrmaliger Umbauten die Anmutung einer mittelalterlichen Burg bewahrt. Selbst die Vorburg ist noch gut zu erkennen und über den Graben führt nach wie vor eine Holzbrücke in den Wohnbereich, zwei parallele Steinhäuser, die zusammen mit den Verbindungsbauten einen kleinen Hof umschließen. Das darunterliegende, sehr hohe Erdgeschoss ist eigentlich nichts anderes als ein ummauerter Felsen, lediglich Kellerräume fanden hier Platz. Die kleine schlichte **Kapelle** aus der Zeit um 1600 wurde 1724 barockisiert. Das Schloss befindet sich in Privatbesitz und ist bewohnt.

Nie zerstört: Schloss Lichtenegg

Gößlingen

Schon der Aussicht wegen lohnt der Weg zur **Kirche Sankt Peter und Paul** in Gößlingen. Die Chorturmkirche thront auf einer Bergkuppe über dem Dorf. Im Kern romanisch, wurde sie zu Beginn des 16. Jahrhunderts im gotischen Stil umgestaltet. Der Chor wird von einem Sterngewölbe überspannt, dessen zentralen Schlussstein eine Madonna mit Kind schmückt. Das gut sieben Meter hohe, filigrane Sakramentstürmchen im Chor ist einzigartig in der Region.

Schutzmantelmadonna in der Kirche Sankt Peter und Paul in Gößlingen (Kopie)

i

Glatt

KMZ Schloss Glatt, Schloss 1: April–Oktober, Di–Fr 14–17 Uhr, Sa, So und Feiertage 11–18 Uhr. November bis März, Sa, So und Feiertage 14–17 Uhr. Führungen nach Vereinbarung, Telefon (0 74 82) 80 77 14 und (0 74 82) 73 45.

Oberndorf am Neckar

Augustinerklosterkirche, Klosterstraße 3: Täglich 9–17 Uhr. Gruppenführung nach Vereinbarung, Telefon (0 74 23) 77 11 75.

Museum im Schwedenbau, Klosterstraße 14: Di, Mi, Fr 14–17 Uhr. Sa und So 11–17 Uhr. Gruppenführung nach Vereinbarung, Telefon (0 74 23) 77 11 75.

Sulz am Neckar

Bauernfeind-Museum, Untere Hauptstraße 5: So 14–17 Uhr und nach Vereinbarung, Telefon (0 74 54) 9 65 00.

R4 Rund um Rottweil

Rottweil

Zu den wertvollsten Schätzen des Rottweiler Stadtmuseums zählt die Pürschgerichtskarte des David Rötlin von 1564. Geradezu detailverliebt zeichnete er im Zentrum der Karte die Reichsstadt Rottweil. Ein Straßenkreuz teilt sie in ungleichmäßige Viertel, schmale, traufständige Häuser, die durch ihre Tiefe Raum gewinnen, reihen sich aneinander. Die Fassaden sind mit Erkern geschmückt, Rundbogentore führen in Häuser und Keller, Gauben der Speicheraufzüge, die sogenannten Ausstöße, beleben die Dachlandschaft. Ein Stadtbild, das sich bis heute kaum verändert hat – es fehlen nur die Reiter, der Händler, der seine bepackten Esel antreibt, und die Frau, die ihre Kuh zum Brunnen leitet. Rottweil ist mit seinen reichen Bürgerhäusern und großartigen Kirchen eine der schönsten und besterhaltenen mittelalterlichen Städte im Land.

Das Attribut, älteste Stadt Baden-Württembergs zu sein, verdankt sie den Römern, die ihre Siedlung Arae Flaviae zum municipium erhoben. Für die ersten drei Jahrhunderte nach dem Abzug der Römer sind bisher keine Siedlungsspuren nachweisbar. Erst ab dem 6. Jahrhundert entstand im römischen Stadtgebiet zwischen Prim und Neckar, im heutigen Stadtteil »Altstadt«, ein frühmittelalterlicher Ort. Die um 1085 anstelle einer Leutkirche erbaute romanische **Pelagiuskirche** steht auf den Fundamenten eines römischen Bades, die Hypokaustanlage kann unter der Kirche besichtigt werden. Bis Mitte

Rottweil im Abendlicht

Dunningen
Hohenstein T2
Neckarburg T2
Stetten
Rottweil
Neckar
Horgen
Eschach
Deißlingen T8

Spätgotischer Kruzifixus am Hochaltar des Heilig-Kreuz-Münsters in Rottweil

des 15. Jahrhunderts blieb sie Hauptkirche Rottweils. Im fränkischen Königshof »rotuvilla«, der im Bereich der heutigen Mittelstadt lag, hielt 887 Kaiser Karl III. auf seiner Reise durch das Reich Hof, ebenso wie später Ludwig das Kind und der Salier Heinrich III. Ein erster Stadtgründungsversuch um den Königshof schlug fehl, die spätmittelalterliche Stadt baute man, wahrscheinlich unter dem politischen Einfluss der Staufer, auf dem gut zu schützenden Plateau über dem Neckartal.

Schon im Gründungsplan der Stadt war der Platz für die **Heilig-Kreuz-Kirche** ausgespart worden. Ab der ersten Hälfte des 13. Jahrhunderts entstand dann eine spätromanische Basilika mit Turm, die im 15. Jahrhundert im gotischen Stil umgebaut wurde. Die Baumeister des Langhauses, das dem natürlichen Bodenrelief folgend zum Chor hin abfällt, kamen aus der Bauschule des württembergischen Hofbaumeisters Aberlin Jörg. Nach dem Dreißigjährigen Krieg barockisiert, zeigt sich die Kirche nach der Umgestaltung in den Jahren 1840 bis 1843 durch Karl Alexander von Heideloff wieder in »reiner Gotik«. Ein Teil der Ausstattung stammt aus der alten Kirche, viele der ausgezeichneten spätgotischen Bildwerke wurden im 19. Jahrhundert auf dem Kunstmarkt erworben. Das spätgotische Kruzifix über dem Hochaltar – ein seltener gotischer Kastenaltar – wurde aufgrund seiner Formensprache zeitweilig dem Nürnberger Meister Veit Stoß zugeschrieben. Der Apostel-Altar ist um 1460 in einer Braunschweiger oder Lüneburger Werkstatt entstanden. Aus der Rottweiler Dominikanerkirche stammt das Gnadenbild der Madonna mit Kind. An die Zünfte der mittelalterlichen Stadt erinnern die reich verzierten, sorgfältig gearbeiteten Zunftlaternen, die in Prozessionen mitgetragen werden. 1950 wurde die Heilig-Kreuz-Kirche anlässlich der 800-Jahr-Feier zum Münster erhoben.

Der Turm der Kapellenkirche in Rottweil, Baubeginn um 1330

Im **Alten Rathaus** an der Hauptstraße zeugt der holzvertäfelte Rathaussaal von reichsstädtischem Bürgerstolz. Im ersten Stock ist die einstige Gerichtsstube des Kaiserlichen Hofgerichts mit einem Baldachin aus Stein zu sehen.

Die Baugeschichte des gegenüberliegenden herder'schen Hauses reicht bis ins 13. Jahrhundert zurück, 1585 gehörte es dem Hofgerichtsstatthalter Wilhelm von Grafeneck. Heute ist hier das **Stadtmuseum** mit seiner Sammlung zur Rottweiler Alltagskultur zwischen 1750 und 1870 untergebracht. Die Verbindung Rottweils mit der Schweiz als »zugewandter Ort« dokumentiert die prachtvolle Pergamenturkunde des Ewigen Bundes von 1519. An die Zeit, als das Hofgericht noch unter freiem Himmel tagte, erinnert der Hofgerichtsstuhl. Eine Kopie steht am alten Gerichtsort an der Königstraße, vor den Toren der Kernstadt.

Die Predigerkirche in Rottweil

Zur Weihnachtszeit wird im Stadtmuseum die **Herrenkramersche Krippe** »lebig« gemacht und verzaubert große und kleine Leute. Wie in einem Puppentheater können einzelne Figuren der barocken Hauskrippe aus der Zeit um 1760 von der Rückseite des Krippenbergs aus bewegt werden. Die reiche Rottweiler Krippentradition begründeten die Jesuiten, die älteste Krippe der Stadt, entstanden zwischen 1733 und 1737, wird Joseph Firtmair zugeschrieben, seit ihrer Renovierung ist sie an Weihnachten wieder in der Kapellenkirche zu sehen.

Die Hauptstraße führt hinauf zum **Schwarzen Tor.** Dort beginnt an den närrischen Tagen pünktlich um acht Uhr der Narrensprung. Der **»Hübsche Winkel«** links des Tors mit seiner um 45 Grad geknickten Fassade gehört zu Rottweils schönsten Bürgerhäusern. Außerhalb des Tores steht am höchsten Punkt der Stadt der **Hochturm.**

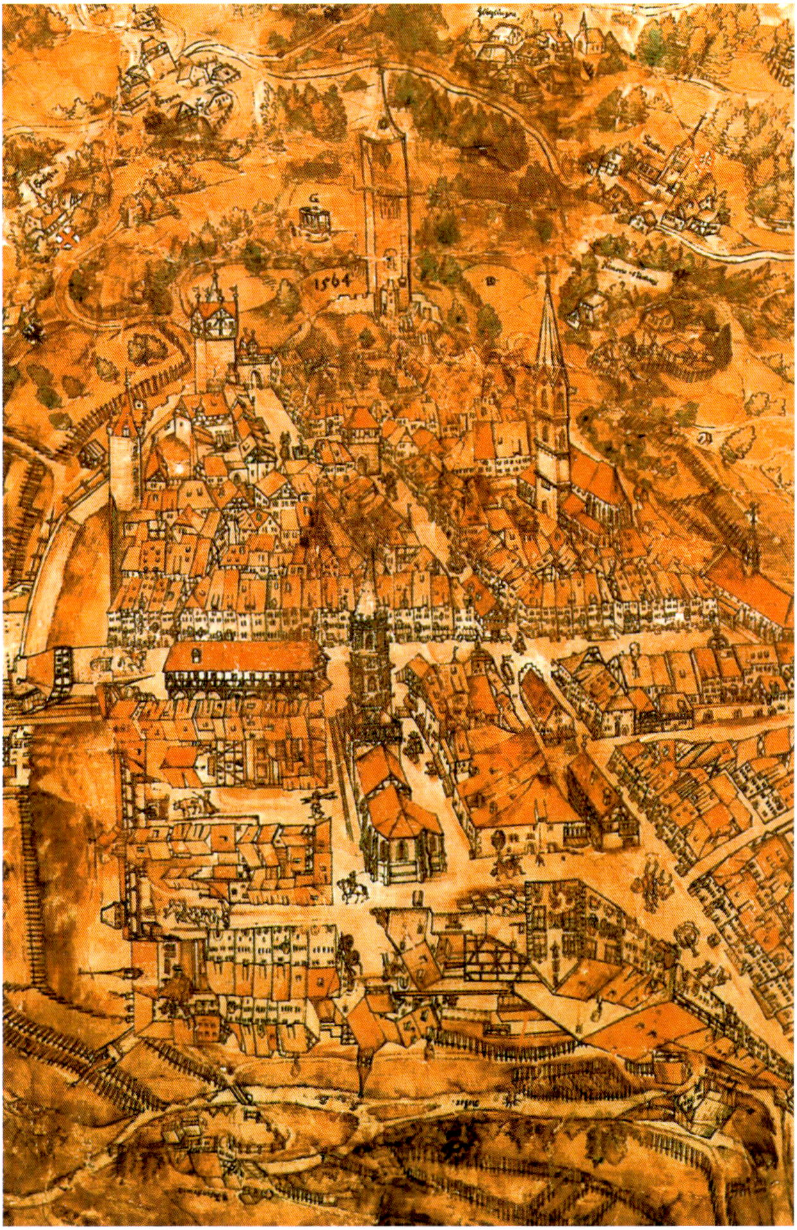

Die Pürschgerichtskarte des David Rötlin von 1564

Orpheusmosaik im Dominikanermuseum Rottweil

Aus sorgfältig bearbeiteten Buckelquadern erbaut, war er Teil der westlichen Stadtbefestigung. Von der Aussichtsplattform hat man einen grandiosen Blick über das Rottweiler Dächermeer, aus dem der Kapellenturm wie ein erhobener Zeigefinger herausragt.

1983 wurde der Turm der **Kapellenkirche** als »Kulturdenkmal von nationaler Bedeutung« eingestuft. Man sollte sich Zeit nehmen, ihn zu betrachten: die drei großen Tympana, die Mariä Verkündigung, die Geburt Christi und das Weltgericht zum Thema haben, die kleinen Tympana mit dem Braut- und dem Buchrelief sowie 27 frei stehenden Figuren – insgesamt der größte zusammenhängende Zyklus im Schwaben des 14. Jahrhunderts. Er versinnbildlicht die christliche Glaubenswelt von den ersten Propheten bis zur Auferstehung Christi, dazwischen Maria und das Kind als Verbindungsglied zwischen Altem und Neuem Testament. Die Figuren mussten durch Kopien ersetzt werden, die Originale stehen größtenteils in der **Kunstsammlung »Lorenzkapelle«.** Begonnen wurde der Bau des Kapellenturms um 1330, im 15. Jahrhundert wurde er durch die achteckigen Turmteile erhöht. Die im Osten anschließende Kapellenkirche Mariä Himmelfahrt war ursprünglich ein schmaler, rechteckiger Raum, dem in den Jahren 1478 bis 1485 durch den württembergischen Hofbaumeister Aberlin Jörg ein Chorbau mit Netzgewölbe, Sakristei und Sakramentshaus angefügt wurde. 1652 wurde sie den Jesuiten übergeben, die sie 1727 bis 1733 nach Plänen des Jesuitenbaumeisters Joseph Guldimann aus Rottenburg (1656–1736) dreischiffig erweitern und barockisieren ließen. Der Jesuitenbruder Joseph Firtmair aus Schwandorf (1702–1738), ein Schüler des berühmten Cosmas Damian Asam, malte die Altar-, Wand- und Deckengemälde. Das Kruzifix (um 1350) und das gotische Gnadenbild, beide aus der alten Kirche, schmücken nun die Turmkapelle.

Von den 50 Brunnen Rottweils ist der **Marktbrunnen** aus der Zeit um 1540 am Rottweiler Straßenkreuz der wichtigste. Die Figuren der Brunnenpyramide stellen das damalige Weltbild mit Tugenden und Lastern, personifizierten Planeten und Gestalten der Antike sowie des Alten Testaments dar, bekrönt von einem Fähnrich mit Rottweiler Fahne nach Schweizer Vorbild.

In städtebaulich herausgehobener Lage, quer zur nördlichen Hauptachse, wurde 1266 das Dominikanerkloster gegründet – typisch für den jungen Bettelorden, der in den neuen kulturellen und wirtschaftlichen Zentren, den aufblühenden Städten, präsent sein wollte und seine wichtigste Aufgabe in der Predigt sah. Von den mittelalterlichen Gebäuden blieb nur der stark veränderte und barockisierte Chor der **Dominikanerkirche (Predigerkirche)** erhalten, das Kirchenschiff ist ein lichtdurchfluteter barocker Neubau. Die Deckenfresken schuf

!

In Rottweil etablierte sich eine Reihe von Festivals mit überregionaler Bedeutung: das Klassik-Festival **»Sommersprossen«**, das **Jazzfest** sowie der **Ferienzauber** mit Kabarett, Comedy und Musik.
Das **Zimmertheater** am Friedrichsplatz hat sich mit mutigen Inszenierungen einen guten Namen erarbeitet. Das **Theater im Badhaus** bietet seinen Besuchern abwechslungsreiche Eigenproduktionen, Kleinkunst, Gastspiele und kulinarische Erlebnisse.

Informationen: www.rottweil.de oder Tourist-Information Rottweil, Telefon (07 41) 49 42 80.

Joseph Wannenmacher, die Altarbilder Meinrad von Ow, die qualitätvollen Figuren stammen wahrscheinlich aus der Werkstatt Christian Wenzingers. Seit 1818 ist die Dominikanerkirche evangelische Stadtpfarrkirche. Das Kloster wurde 1972 abgetragen, an seiner Stelle steht das 1992 eröffnete **Dominikanermuseum,** eine Zweigstelle des Württembergischen Landesmuseums. Die Dauerausstellung ist in zwei Bereiche gegliedert: in die bedeutende »Sammlung Dursch« mit Holzskulpturen und Tafelbildern des Spätmittelalters aus Schwaben und in die Abteilung »Arae Flaviae«.

Im Süden der Stadt, westlich des Neckars, liegt das um 1220 gegründete ehemalige **Zisterzienserinnen-Reichsstift Rottenmünster.** Nach den Zerstörungen des Dreißigjährigen Krieges wurden die Klostergebäude und die Kirche von den Vorarlberger Barock-Baumeistern Michael Beer, Michael Thumb und Peter Willi neu erbaut. Im Jahr 1898 richteten Vinzentinerinnen aus Untermarchtal eine bis heute bestehende psychiatrische Klinik ein.

Salinenmuseum >T2
Arae Flaviae >T3
Fastnacht >T7
Moderne Kunst >T10

Dunningen

Das Territorium der Reichsstadt Rottweil umfasste am Ende des Alten Reiches etwa ein Drittel des heutigen Kreisgebiets. Das einst reichsunmittelbare Dorf Dunningen im Eschachtal hatte sich 1435 freiwillig unter reichsstädtische Herrschaft begeben. Das **Museum im Rathaus** vermittelt am Beispiel Dunningens und Seedorfs anschaulich den Alltag in einem Rottweiler Dorf von der Abgabe des Zehnten bis zur Gerichtsbarkeit. Zudem wird an drei bedeutende Dunninger erinnert, den klassizistischen Bildhauer Landolin Ohnmacht (1760–1834), den Erfinder und Industriellen Jacob Mayer (1813–1875) und an Emil Maier (1876–1932), Innenminister des Landes Baden. Bei Renovierungsarbeiten an der **Martinskirche** stieß man auf eine hölzerne Vorgängerkirche und merowingerzeitliche Adelsgräber. Kopien der Funde, unter anderem ein Goldblattkreuz, das auf einen Schleier aufgenäht einem toten Mädchen auf den Mund gelegt worden war, sind ebenfalls im Museum zu sehen.

Heimatmuseum Dunningen: die Büste einer griechischen Göttin von Landolin Ohnmacht

Innenraum der neugotischen Kirche Sankt Martin in Horgen

Stetten

Eine der jüngsten und größten Krippen des Kreises Rottweil wird in der Weihnachtszeit im **Rathaus** Stetten gezeigt. In 50 Jahren schnitzte Ernst Antonius Beuter (1899–1977) mit Liebe zum Detail rund 100 Figuren und Figurengruppen, die in einer orientalisch anmutenden Landschaft Szenen aus der Heilsgeschichte erzählen.

Horgen

Das Dorfbild Horgens wird von der mächtigen Sandsteinkirche **Sankt Martin** bestimmt. Zwischen 1869 und 1872 errichtet, ist sie ein hervorragendes Baudenkmal der Neugotik. Raumbild, Farbfassung und Ausstattung blieben unverfälscht erhalten. Die Fresken an den Wänden mit Anklängen an den Jugendstil schuf Wilhelm Ettle 1919.

Dunningen

Museum im Rathaus,
Hauptstraße 25:
Erster Sonntag im Monat 14–17 Uhr. Sonderöffnungszeiten und Führungen nach Anmeldung, Telefon (0 74 03) 79 54 oder (0 74 03) 92 95 26.

Rottweil

Stadtmuseum,
Hauptstraße 20: Di–So 10–12 Uhr, wochenfeiertags geschlossen. Führungen nach Anmeldung, Telefon (07 41) 49 43 30.

Dominikanermuseum,
Am Kriegsdamm 4: Di–So 14–17 Uhr, wochenfeiertags geschlossen. Führungen nach Anmeldung, Telefon (07 41) 49 43 30.

Kunstsammlung »Lorenzkapelle«,
Lorenzgasse 17: Nach Rücksprache mit dem Stadtarchiv, Telefon (07 41) 49 43 30.

Stetten

Beuter-Krippe im Rathaus,
Rathausgasse 8: Weihnachten bis Lichtmess, Öffnungszeiten unter Telefon (0 74 03) 1 25 01 (Ortsverwaltung Stetten).

R5 Villingen-Schwenningen und die nördliche Baar

»In der Baar ist es drei Viertel Jahr Winter und ein Viertel Jahr kalt.« – Dieser Spruch übertreibt, aber Nachtfröste sind hier auch im Sommer möglich. Das liegt nicht nur an der Höhenlage zwischen 700 und 800 Metern, sondern auch an der Form: Die Baar ist eine Hochmulde, in der sich Kaltluft sammelt. Dennoch ist sie seit keltischer Zeit bevorzugtes Siedlungsland, ihre Muschelkalk- und Liasböden sind ausgesprochen fruchtbar. Im Frühjahr setzt der Raps gelbe Akzente im hellen Grün, im Sommer dominiert das Korngold der wogenden Getreidefelder. Dazwischen Siedlungen, denen man zumindest im Ortskern die Herkunft aus Bauerndörfern noch ansieht. Der Name »Baar« leitet sich vielleicht vom keltischen »bar, bara« ab, ein Wort, das »Wasser, Quelle, Sumpf« bedeutet und sehr gut die flache, innerste Senke der Baarmulde, die Riedbaar, beschreibt.

!

Seit 29 Jahren ist **VS-Swingt** eines der wichtigsten internationalen Jazz-Festivals in Baden-Württemberg.

Informationen:
www.vs-swingt.de und
Telefon (0 77 21) 82 23 40
oder (0 77 20) 82 12 09.

Ein Kulturgenuss besonderer Art sind die **Meisterkonzerte** im Franziskaner-Konzerthaus.

Informationen:
Telefon (0 77 21) 82 23 10.

Das Blasen des Herterhorns geht auf ein altes Gelübde zurück. 1765 bedrohte eine Tierseuche den Viehbestand Villingens, dank Quarantäne wurden die Tiere gerettet. Die Villinger gelobten daraufhin, den Ruf der Hirten jeden Heiligabend erklingen zu lassen, das sogenannte **Kuhreihen.** Und so gibt es alljährlich ein Konzert mit besonderem Klang zu nächtlicher Stunde. Treffpunkt 22.30 Uhr beim Amtsgericht, weitere Stationen sind die drei Stadttore, Finale ist am Marktplatz.

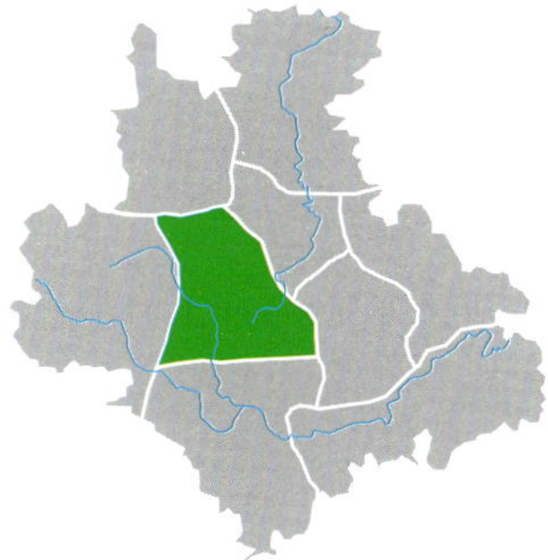

Buchenberg
Waldau T4
Fischbach
Sinkingen
Burgberg
Königsfeld
im Schwarzwald
Römischer Gutshof T3
Niedereschach T8
Schabenhausen
Wallfahrtsgrotte Elsenau
Dauchingen
Neckar
Brigach
Villingen-
-Schwenningen
Mühlhausen T6
Schwenninger Moos T2
Tuningen
Kirchdorf
Bad Dürrheim

Villingen-Schwenningen

Die Doppelstadt, Zentrum des Landkreises und der Region Schwarzwald-Baar-Heuberg, wurde oft bemüht, die Gegensätze zwischen Baden und Württemberg zu illustrieren: da die alte Stadt, den Schwarzwald im Rücken, badisch, katholisch, eine Fasnet-Hochburg. Dort das württembergisch-protestantische Bauern-Industrie-Dorf auf der Baar, bodenständig und aller Narretei zutiefst abhold, mehr als nur geographisch getrennt durch einen flachen Höhenrücken. Ganz so war es nie, und spätestens mit der »Vermählung« 1972 begannen sich die Gegensätze zu verwischen. Die Doppelstadt gilt heute als Musterbeispiel für die Integrationsleistung des Südweststaates. Auf eine lange Geschichte können beide Stadtteile zurückblicken.

Die Villinger Altstadt ist heute denkmalgeschützt.

Villingen

Im Jahr 999 bekam Berthold, »Bezelin« genannt, Thurgaugraf und Vorfahre der Zähringer, von Kaiser Otto III. das Markt-, Münz- und Zollrecht für sein Dorf »filingas« verliehen. Ob damit schon der Burgweiler westlich der Brigach gemeint ist, aus dem sich dann im 12. Jahrhundert unter der Herrschaft der Zähringer die Stadt mit ihrem regelmäßigen Grundriss entwickelte, oder die ältere Siedlung östlich der Brigach, ist ungewiss. Nach 1218 entbrannte zwischen den Fürstenbergern und dem Reich ein lang andauernder Streit um Villingen. 1283 wurde Heinrich I. von Fürstenberg dann Villingen als Reichslehen zugesprochen, doch schon 1326 mussten die Fürstenberger die Stadt an Herzog Albrecht

stand auch schon ein Rathaus auf dem Münsterplatz, das 1534 bis 1537 zu dem heutigen Bau erweitert wurde. Mit Staffelgiebel und spitzbogigen Eingängen ausgestattet, geschmückt mit den Wappen Österreichs und Villingens sowie mit dem getäfelten Ratssaal in der oberen Etage, ist das **»Alte Rathaus«** das bedeutendste weltliche Gebäude in Villingen. Schon im 19. Jahrhundert war in dem Haus die Altertümersammlung der Stadt untergebracht. Zurzeit wird das Museum Altes Rathaus neu konzipiert und ist deshalb geschlossen.

Kirchliches Zentrum war bis ins 16. Jahrhundert die Altstädter Kirche am Ort der ersten Siedlung. Mit dem Bau des **Münsters** in der »neuen« Stadt wurde um 1130 begonnen, ein Großbrand 1271 (der

von Österreich verkaufen. Bis 1803 gehörte sie zu den vorderösterreichischen Landen.

Die **Altstadt Villingens** ist denkmalgeschützt. Weite Teile der in staufischer Zeit erbauten Stadtmauer und drei der vier Tore blieben erhalten. Typisch für das Stadtbild sind schmale, traufständige Häuser, das älteste, das Steinhaus Rietstraße 28, wurde 1192/93 errichtet, etwas jünger ist das Steinhaus »Rabenscheuer« an der Ostseite des Münsterplatzes. Um 1300

Das Villinger Münster Unserer Lieben Frau

Die rekonstruierte Silbermannorgel in der Benediktinerkirche Villingen

einzige in Villingen) beschädigte diese romanische Kirche. Unter fürstenbergischer Herrschaft wurde sie erneuert, 1293 war der hochgotische Chor fertiggestellt, vom romanischen Bau blieben die Gliederung des Langhauses, die Westfassade mit ihrem schönen Portal und das Doppelportal an der Südseite. Anfang des 18. Jahrhunderts erhielt das Schiff eine reiche Stuckdecke. Einzigartig ist die Steinkanzel (um 1510), deren Geländer in sorgfältiger Steinmetzarbeit den Kreuzweg nach Golgota zeigt. Die 14 Apostelfiguren an der Hochwand schuf der Villinger Bildhauer Anton Joseph Schupp in den Jahren 1715 bis 1719, auch die Ölberggruppe unter der Empore stammt von ihm. Das Nägelinkreuz in der Turmkapelle, Schutzkreuz von Villingen, ist ein Werk des 14. Jahrhunderts. Eine kleine Steinskulptur aus der einstigen Kapelle Sankt Jakob bei Nordstetten, die sogenannte »Pilgerkrönung«, erinnert daran, dass Villingen am Jakobsweg liegt.

Graf Heinrich I. von Fürstenberg beschenkte die Johanniter 1253 mit einem Haus in Villingen, 1257 entstand als erster Orden in Villingen die Johanniterkommende. Die **Johanniterkirche,** ursprünglich eine schlichte gotische Saalkirche, wurde 1711 barockisiert. Heute dient sie als Johanneskirche der evangelischen Gemeinde.

Nur wenige Schritte weiter, beim Bickentor, lehnt sich das **Ursulinenkloster** an die Stadtmauer. Zunächst als offenes Frauenkloster des Dritten Ordens des heiligen Franz 1278 gegründet, erhielt es erst eine Klausur, als am Anfang des 14. Jahrhunderts die Klarissinnen von Neuhausen einzogen, deren Kloster abgebrannt war. 1782 wurde es dann in ein Ursulinenkloster umgewandelt. Die vierflügelige Klosteranlage mit Innenhof ist heute eine Schule, in der barocken Klosterkirche sind wertvolle Holzskulpturen aus dem 15. Jahrhundert erhalten.

Während der Reformation flüchteten die Benediktinermönche aus Sankt Georgen ins katholische Villingen und richteten sich in ihren hiesigen Besitzungen in der Nähe des Riettores ein. Für den Bau der **Benediktinerkirche** konnte der Vorarlberger Baumeister Michael Thumb gewonnen werden, der ab 1688 einen der schönsten barocken Kirchenräume in der Region schuf. Das Chorgestühl fertigte Anton Joseph Schupp 1682 zunächst für die Johanniterkommende. Die reiche Rokokokanzel und Figuren am Hochaltar sind eine Arbeit von Joseph Anton Hops aus dem Jahr 1759, der die Villinger Schupp-Werkstatt übernommen hatte. Der größte Schatz der Kirche ist aber die wiedererstandene Silbermannorgel. Nach der Aufhebung des Klosters 1806 war die Kirche als Salzlager der Saline Dürrheim genutzt worden, die Orgel wurde nach Karlsruhe abtransportiert, wo sie bei einem Bombenangriff 1944 verbrannte. Als Krönung der Kirchenrenovierung 1995 wurde die Rekonstruktion des Instruments nach den Originalplänen Silbermanns in Auftrag gegeben. Seit 2002 erklingt die Orgel wieder regelmäßig bei Kirchenkonzerten.

Blick in das Franziskanermuseum Villingen

Um Predigt und Seelsorge in der Stadt zu verbessern, holten Graf Heinrich I. und seine Gemahlin Agnes 1267 Franziskaner nach Villingen, das beim Riettor errichtete Kloster wurde 1292 geweiht. Heute ist der »**Franziskaner**« lebendiges Kulturzentrum der Stadt und der Region. Die **Franziskanerkirche** wurde ein Konzerthaus mit ganz eigener Atmosphäre und exzellenter Akustik. Im Foyer und den angrenzenden Räumen finden Ausstellungen zeitgenössischer Kunst statt. Im Museumsbereich lädt eine ideenreiche Präsentation zu einer Entdeckungsreise durch die Villinger Stadtgeschichte ein, zudem ist die Grabkammer aus dem Magdalenenberg zu sehen, der größten keltischen Grabanlage in Westeuropa, sowie eine große volkskundliche Schwarzwald-Sammlung.

Fastnacht >T7

Schwenningen

Der früheste Beleg für die Siedlung »Svaninga« findet sich in einer Urkunde Kaiser Ludwigs I. aus dem Jahr 817. 1907 wurde das damals größte Dorf im Königreich Württemberg zur Stadt erhoben. Im Stadtbild Schwenningens mischen sich bunt Gründerzeit mit Moderne, in den Außenbezirken entstanden ganze Häuserzeilen im Jugendstil. Dorfidylle kann man noch im malerischen Winkel um das Sträßchen »Ob dem Brückle« entdecken und am neu gestalteten Muslenplatz. Die schönen Fachwerkbauten, das **Pfarrhaus** von 1747 und das ehemalige **Lehrerhaus,** das heute das **Heimat- und Uhrenmuseum** beherbergt, sind nach der **evangelischen Stadtkirche** die ältesten Gebäude Schwenningens. Der Ort musste in den Kriegen des 16. und 17. Jahrhunderts schwere Verwüstungen hinnehmen, dazu kamen Stadtbrände, der letzte 1850. 1858 gründete Jo-

Pfarrhaus am Muslenplatz in Schwenningen

Schwenningen: Bauernhaus in der Straße »Ob dem Brückle«

hann Bürk die Württembergische Uhrenfabrik, der mit der Erfindung und Produktion der tragbaren Nachtwächterkontrolluhren ein großer Erfolg beschieden war. Schwenningen erlebte in der Folge einen rasanten Aufschwung zur Uhrenindustriestadt.

Für Flieger-Fans ist das **Luftfahrt-Museum** das richtige Ausflugsziel, es bietet bei gutem Wetter sogar Rundflüge in Oldtimern an. Auf 13 000 Quadratmetern werden Flugzeuge von der »Fliegenden Kiste« bis hin zu Düsenjäger und Starfighter gezeigt, insgesamt über 40 Flugzeuge. Das älteste Modell ist der flugfähige Nachbau eines »Grade-Eindeckers« von 1909.

Uhrenindustriemuseum >T8
Städtische Galerie >T10

Dauchingen

Die berühmte **Dauchinger Madonna** war wohl einst Hauptfigur auf dem Hochaltar im Villinger Münster. Heute hüten die Dauchinger den Schatz in ihrer **Pfarrkirche Sankt Cäcilia** wie ihren Augapfel. Die lebensgroße Madonna aus Stein ist das Werk eines großen Künstlers am Oberrhein aus der Zeit um 1290. Die Kirche, in der die Madonna anstelle des linken Seitenaltars ihren Platz fand, wurde zwischen 1844 und 1847 erbaut.

Die Dauchinger Madonna in der Pfarrkirche Sankt Cäcilia

Tuningen

Die Gemeinde nahm ihre 1200-Jahr-Feier zum Anlass, rund um Tuningen einen **Wanderpfad** durch 200 Millionen Jahre Kultur- und Naturgeschichte zu gestalten. Dieser vielseitige Pfad ist unter anderem auch eine gute Gelegenheit, **keltische Grabhügel** aus der Eisenzeit und eine **keltische Viereckschanze** zu erkunden – Kulturdenkmale, die es in der Region zwar mehrfach gibt, die aber andernorts, im Wald versteckt, oft schwer zu finden sind. Die Deutung der Viereckschanzen war in der Wissenschaft lange umstritten, neuere systematische Grabungen in den letzten beiden Jahrzehnten lassen aber kaum mehr eine andere Interpretation zu, als dass es sich bei den Schanzen einst um umwallte ländliche Siedlungen und Gutshöfe handelte.

Bad Dürrheim: Bohrtürme der Saline Ludwigshall

Bad Dürrheim

Der Aufstieg Bad Dürrheims begann mit der Entdeckung der Salzlager 1822. Zunächst konzentrierte man sich auf Kochsalzgewinnung, doch schon ab 1851 wurde die Sole zum Heilbaden genutzt. Heute trägt das höchst gelegene **Sole-Heilbad** Europas dank des subalpinen Reizklimas das Prädikat »Heilklimatischer Kurort«. Bad Dürrheim ist bestrebt, den Kurgast in der neu gestalteten Badelandschaft **Solemar** aufs angenehmste zu verwöhnen. Die **Badische Staatssaline Ludwigshall,** ein bedeutsames Kulturdenkmal, wurde zwischen 1823 und

1828 nach Plänen von Friedrich Arnold erbaut, einem Neffen und Schüler Friedrich Weinbrenners. Alle Salinengebäude sind nach Vorbild der Karlsruher Stadtanlage in einem großen Fächer angeordnet, dessen Mittelpunkt die schlossähnlichen, ehemaligen Verwaltungsgebäude bilden. Im äußeren Bereich liegen die Bohrtürme zur Soleförderung.

Fastnacht >T7

Kirchdorf

Die katholische **Pfarrkirche Sankt Martin** in Kirchdorf steht wahrlich auf geschichtsträchtigem Boden, eine erste kleine Kapelle ist schon für das 7. Jahrhundert nachweisbar, die Zeit der fränkischen Missionierung. Die ältesten Teile der heutigen Kirche sind hochmittelalterlich, in den folgenden Jahrhunderten wurde die Kirche aber mehrmals umgebaut und erweitert. Der Turm mit Treppengiebel stand ursprünglich frei. Die Malereien im Inneren entstanden um 1616 und zeigen Szenen aus der Heilsgeschichte und einen Totentanz. Nach sorgfältiger Renovierung bietet die Kirche heute einen würdigen Rahmen für Konzerte der Veranstaltungsreihe »Kultureller Herbst Brigachtal«.

Kappel

Im Nordwesten der Baar leitet hügeliges Land, in dem Wiesen, Äcker und Waldflächen rasch wechseln, allmählich zum Schwarzwald über, »Hintervillingen« wird dieser Landstrich auch genannt. An der Landstraße von Kappel nach Obereschach liegt malerisch an einem kleinen Teich die viel besuchte **Wallfahrtsgrotte Elsenau,** ein Ort der Marienverehrung.

Schabenhausen

Taschenlampe, festes Schuhwerk und Regenjacke braucht man, will man die **Bergwerkstollen** »Karl im Mailänder« und »Otto am Köhlerberg« in Schabenhausen besichtigen. Schriftlich belegt ist der Bergbau am Ort seit 1507. Im ersten Stollen wurden 400 Jahre lang Silber und Blei, im zweiten Kupfer abgebaut. Mit ihrer Arbeitstechnik mit Schlägel und Eisen kamen die Bergleute pro Tag zwei bis drei Zentimeter tiefer in den Berg.

Fischbach-Sinkingen

Seit 1832 werden die früheren Handwerker- und Bauerndörfer als eine Gemeinde betrachtet. Die katholische **Pfarrkirche Sankt Mauritius** in Fischbach, eine ursprünglich romanische Kirche, wurde um 1300 als Saalkirche erbaut. Von der Urkirche sind das Turmuntergeschoss und der Türsturz mit Scheibenkreuz über dem Südportal erhalten. Von der Ausmalung Anfang des 15. Jahrhunderts blieben Fragmente an der Nord- und Südwand, Szenen aus dem Leben Jesu und die überlebensgroße Darstellung des heiligen Andreas.

Die kleine barocke Wallfahrtskirche in Sinkingen, die sogenannte **Sinkinger Kapelle,** wurde Anfang des 17. Jahrhunderts errichtet. Den Hochaltar, der eine Nachbildung der schwarzen Madonna von Einsiedeln birgt, stiftete 1669 Otto III., Abt des Klosters Sankt Blasien.

Burgberg

Im Ortskern von Burgberg steht noch der **Turm einer ehemaligen Wasserburg.** Im 13. Jahrhundert aus Buckelquadern mit Randbeschlag errichtet, ragt er fotogen über landwirtschaftliche Nutzbauten hinaus. Bereits 1116 wird Burchardus de Burgberg urkundlich genannt. Die Herren von Burgberg waren Dienstleute der Herren von Falkenstein und Zimmern. 1455 wurde der letzte des Geschlechts, Hans von Burgberg, Bürgermeister in Villingen. Burgberg kam 1472 an Württemberg. Schon 1645 notierte Abt Georg Gaißer von Sankt Georgen, im Dorf stünden nur noch Turm und Wohnhaus. Auch der »Bürenberg« sei völlig überwuchert.

Der Bergfried der ehemaligen Wasserburg in Burgberg

Gemeint ist die **Bärenburg** oberhalb des Ortes, im Volksmund »Weiberzahn« genannt.

Königsfeld im Schwarzwald

Der »Heilklimatische Kurort« Königsfeld inmitten weiter Wälder ist die jüngste Gemeinde in der Region. 1804 kaufte man den Hörnlishof, 1806 wurde die Kolonie der **Herrnhuter Brüdergemeinde** durch eine Urkunde des württembergischen Königs Friedrich I. offiziell gegründet. Die Herrnhuter sind eine kleine evangelische Freikirche, die auf die Böhmischen Brüder zurückgeht, eine der ersten evangelischen Kirchen in Böhmen. Infolge der Gegenreformation kamen sie nach Herrnhut/Oberlausitz, wo die Glaubensflüchtlinge Asyl auf dem Gut von Nikolaus Ludwig, Graf von Zinzendorf (1700–1760) fanden, dem späteren Begründer der erneuerten Brüderunität.

Das Gemeindehaus am Zinzendorfplatz in Königsfeld

Geistiger und baulicher Mittelpunkt zugleich ist das **Kirchengebäude** am Zinzendorfplatz mit seinem schlichten, ganz in weiß gehaltenen **Kirchensaal.** Um den quadratischen Platz mit seinen schönen, alten Bäumen gruppieren sich die ältesten Häuser des Ortes. Der **Gottesacker** liegt am Ortsrand, durch das Tor aus zwei Pfosten mit Dreieckgiebel und der Aufschrift »Ich bin die Auferstehung und das Leben« führt eine Allee zu den einfachen Steingräbern.

Für viele Jahre war Königsfeld Lebensmittelpunkt der Familie **Albert Schweitzers.** Ihr ehemaliges Wohnhaus ist heute eine Begegnungsstätte und ein Ort des Dialogs. Ein Museum führt in Leben und Gedankenwelt Helene und Albert Schweitzers ein.

Buchenberg

Sie blieb in der Schreckenszeit des Dreißigjährigen Krieges als einziges Gebäude in Buchenberg stehen – die **Sankt-Nikolaus-Kirche,** die höher als das Dorf am Hang über dem Glasbach erbaut worden war.

1000 Jahre Kunstgeschichte: das Kirchlein Sankt Nikolaus in Buchenberg

Sie ist ein kleines Wunder. Das Kirchlein aus dem 11. Jahrhundert trägt 1000 Jahre Kunstgeschichte in sich, die man nur abzulesen braucht: romanischer Kirchenraum, gotischer Chor mit Rippengewölbe, Fragmente einer völlig ausgemalten Kirche um 1420, das Buchenberger Herrgöttle, ein Schnitz-Kunstwerk um 1220, die mittelalterlich-rustikalen Kirchenbänke und Scheibenkreuze aus der Erbauungszeit. Das neue Dorf rückte dem Kirchlein wie Schutz suchend näher. Bis ins 19. Jahrhundert blieb die Nikolauskirche Pfarrkirche des Ortes, dann wurde eine neugotische Kirche errichtet.

i

Kirchdorf

Sankt Martin: Mai–November, jeder erste Sonntag im Monat 11–12 Uhr. Führungen nach Vereinbarung, Telefon (0 77 21) 2 29 13.

Königsfeld im Schwarzwald

Albert-Schweitzer-Haus, Schramberger Straße 5: Fr und Sa 14–17 Uhr, So und Feiertage 11–17 Uhr und nach Vereinbarung, Telefon (0 77 25) 80 09-45.

Schabenhausen

Stollen: Besichtigung nach Voranmeldung, Telefon (0 77 28) 4 66.

Schwenningen

Luftfahrt-Museum, Spittelbronner Weg 78: März–Oktober, 9–19 Uhr. November–Februar, 9–17 Uhr, Telefon (0 77 20) 6 63 02.

Villingen

Franziskanermuseum, Rietgasse 2: Di–Sa 13–17 Uhr, So und Feiertage 11–17 Uhr, Telefon (0 77 21) 82 23 51.

R6 Donaueschingen und die südliche Baar

Das »Ried« zwischen Donaueschingen, Hüfingen, Neudingen und Pfohren ist das Herz der Riedbaar, die im Norden bis zum Schwenninger Moos reicht. Brigach und Breg haben die Senke seit der Eiszeit mit mächtigen Kies- und Sandschichten angefüllt. Das Grundwasser steht hoch, Sümpfe und Moore sind für diese Landschaft ebenso charakteristisch wie die Riedseen und die weiten Mäander der Donau. Groß ist die Bedeutung der Riedbaar als Vogelbrut- und Vogelrastgebiet. Hier finden Weißstörche ein Zuhause, der seltene Flussregenpfeifer und die Uferschwalbe. Die moorigen Böden erweisen sich als Geschichtsarchiv, sie konservierten Siedlungsspuren, die bis in die Jungsteinzeit zurückreichen. Ganz im Süden der Baar verbinden die Höhenzüge der Länge, des Eichbergs und Buchbergs sowie der nördliche Randen Schwarzwald und Schwäbische Alb. Einmalig ist eine Wanderung durch das Naturschutzgebiet Wutachflühen, in dem geschützte Arten wie Wespenbussard, Eisvogel und Apollofalter beheimatet sind.

Donaueschingen

Mit dem Jahr 1723 begann in Donaueschingen eine neue Zeitrechnung. Davor war der Ort am Zusammenfluss von Brigach und Breg ein typischer kleiner Marktflecken. 889 in einer Schenkungsurkunde erstmals als »Esginga« genannt, kam »Tunoueschingen« im 14. Jahrhundert an die Herren von Blumberg und schließlich 1488 durch Kauf an die Grafen von Fürstenberg. Diese ersetzten den alten Adelssitz durch ein erstes Schloss, das jedoch nur kurz als Wohnsitz einer der fürstenbergischen Linien diente.

Fürst Joseph Wilhelm Ernst von Fürstenberg (1699–1762) jedoch bestimmte den Ort in der Nähe des Stammsitzes der Familie zur neuen **Residenz des Fürstentums Fürstenberg.** 1723 begann man mit dem Schlossbau, in nur wenigen Jahren folgten die Kirche, die Hofkammer – seit 1822 **Hofbibliothek** –, das **Archiv** – von Franz Joseph Salzmann als massiver Steinbau geplant, einer der ersten Archivbauten in Deutschland überhaupt –, **Beamtenwohnungen** und der **Marstall.**

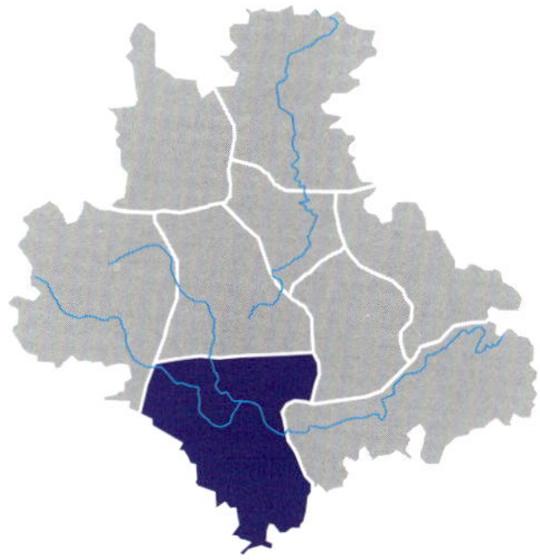

Brigach
Grüningen
Breg
Donaueschingen
Mistelbrunn
Donau
Pfohren T5
Bräunlingen
Hüfingen
Neudingen T5
Fürstenberg T5
Hausen vor Wald
Mundelfingen
Blumberg

Am Fürstlich Fürstenbergischen Hof wurden Musik und Kunst gepflegt, seit 1762 bestand eine Hofkapelle, 1784 wurde ein Hoftheater gebaut, das allerdings 1850 abbrannte. Der junge Mozart und Franz Liszt konzertierten in Donaueschingen.

Das **Schloss** von 1723 war ein einfacher, lang gestreckter Bau, gedacht als erster Abschnitt einer mehrflügeligen barocken Anlage. Erst in der späten Gründerzeit, 1893 bis 1896, wurde das Schloss im Stil des Historismus nach Plänen

Das Fürstlich Fürstenbergische Schloss in Donaueschingen, im Hintergrund die doppeltürmige Johanneskirche mit ihren Zwiebelhauben

Nach dem Brand von 1908 entstanden: Jugendstilgebäude in Donaueschingen

Amand Bauqués erweitert und die Südfassade mit einem vorgesetzten Mittelbau und einer Kuppel belebt. Die prachtvollen Empfangs- und Repräsentationsräume sind inspiriert von den Stilepochen des Régence, Louis-quinze, Louis-seize und Empire, angeregt durch Fürstin Dorothée, die aus Frankreich stammte.

In den Jahren 1763 bis 1819 gestaltete Joseph von Auffenberg den Landschaftsgarten, in den die **historische Donauquelle** integriert wurde. 1875 neu gefasst, schufen Adolf Weinbrenner, Franz Xaver Reich und Adolf Heer das kunstvolle Ambiente rund um die junge Donau. Mutter Baar ist es, die ihr den Weg nach Osten weist.

Den Auftrag zum Bau der **Johanneskirche** erhielt Maximilian Kanka (1674–1766) aus Prag, ein Schüler Dientzenhofers. Die doppeltürmige Kirche mit ihren elegant geschwungenen Zwiebelhauben und der durch Gesimse und Lisenen gegliederten Fassade im Stil des böhmischen Barock steht erhöht über der Brigach. Betonte Gurtbögen gliedern im Innern das schlichte tonnengewölbte Langhaus, Doppelpilaster leiten zum eingezogenen Chor über. Die Ausstattung ist das Werk einheimischer Künstler, für den Hochaltar zeichnet Matthias Bäusch aus Meßkirch verantwortlich, das Altarblatt schuf Joseph Esperlin, die Apostelfiguren im Langhaus der Vöhrenbacher Bildhauer Johann Michael Winterhalder und der Villinger Meister Joseph Anton Hops. Die hervorragende spätgotische Donaueschinger Madonna stammt vom Hochaltar der alten Kirche (1522), ob sie dem Meister des Breisacher Schnitzaltars HL zugeschrieben werden kann, ist unsicher. Der Ölberg an der Freitreppe zum Kirchplatz ist eine Arbeit des Villinger Bildhauers Johann Schupp, die drei schlafenden Engel wurden später wohl durch Hops hinzugefügt.

Die **Fürstlich Fürstenbergischen Sammlungen** nehmen in der Museumslandschaft einen besonderen Platz ein. Sie zeigen wertvolle Objekte zur Geschichte und Kultur des Hauses Fürstenberg sowie Teile der fürstenbergischen Kunstsammlung, sie sind darüber hinaus aber auch selbst Museumsgeschichte. Begründet 1868 von Fürst Karl Egon III. sollten sie ein Bildungsangebot an das Publikum sein und zugleich die geschichtliche und kulturelle Bedeutung des Hauses Fürstenberg dokumentieren. Einmalig ist die originale Präsentation der naturkundlichen Abteilung. In schönen alten Vitrinen sind ausgestopfte Tiere aus aller Welt zu entdecken, in Spiritus eingelegte Reptilien und Knochen von Mammut und Saurier. Ergänzt werden die Exponate um neue Funde vom Höwenegg wie das Urpferdchen (Hipparion). Einen in warmem Rot rekonstruier-

!

Der Name Donaueschingen ist mit der Musikentwicklung des 20. Jahrhunderts eng verbunden. Werke von Hindemith, Berg, Schönberg und von Webern wurden hier uraufgeführt. Die im Oktober stattfindenden **»Donaueschinger Musiktage«** sind bis heute eines der wichtigsten Foren für zeitgenössische Musik.

Informationen:
www.donaueschingen.de oder
Telefon (07 71) 85 72 66.

ten Oberlichtsaal schmückt heute wieder die Sammlung der Gipsabgüsse antiker Skulpturen.

Die bürgerliche Stadt rund um das alte Rathaus wurde 1908 ein Raub der Flammen. Mit dem weitsichtig geplanten Neuaufbau machten sich die Bürger selbst ein Geschenk – ein einzigartiges **Stadtensemble im Jugendstil.** Geschwungene Linien, Rundfenster, Erker und Blumenornamente an schmiedeeisernen Balkonen prägen in trauter Eintracht mit dem typischen Baaremer Staffelgiebel das Bild. Das Rathaus kann besichtigt werden, sehenswert sind Sitzungssaal, Majolika-Brunnen und das »Baaremer Gretle« in heimischer Tracht.

Grüningen

Die kleine **Pfarrkirche Sankt Mauritius** in Grüningen wurde berühmt, als man 1890 mittelalterliche Fresken fand. Eine Pfarrei mit Kirche bestand bereits im 11. Jahrhundert. 1306 übergaben die Fürstenberger die Kirche den Johannitern in Villingen, die sie umgehend erneuern und ausmalen ließen. Themen der Fresken sind Szenen aus der Heilsgeschichte und Heiligen- und Märtyrerlegenden. Stilistische Ähnlichkeiten verweisen auf den Märtyrerzyklus im Dominikanerkloster Konstanz, der auf französische Handschriften zurückgeht. Die kleine Holzskulptur der Johannes-

Das mittelalterliche Fresko »Martyrium der heiligen Katharina« in der Pfarrkirche Sankt Mauritius in Grüningen

minne in einer Nische rechts am Chorbogen ist eine Kopie, das Original (um 1320) befindet sich im Augustinermuseum in Freiburg.

Mistelbrunn

Noch älter sind die Fresken in **Sankt Marcus** in Mistelbrunn, sie werden in die Zeit um 1250 datiert. Man nimmt an, dass zwei Künstler mit der Ausmalung beschäftigt waren, die als Vorlage möglicherweise das Oberrheinische Musterbuch zur Verfügung hatten. Leider sind nur Fragmente der biblischen Bilderzyklen erhalten.

Detail aus dem Fresko »Einzug Christi in Jerusalem« in der Kapelle Sankt Marcus in Mistelbrunn

Bräunlingen

Die Stadt Bräunlingen geht auf eine merowingerzeitliche Siedlung zurück. Der Name »Brülingen« taucht erstmals 802 in einer Schenkungsurkunde an das Kloster Reichenau auf, bereits drei Jahre zuvor hatte Abt Waldo von Reichenau die Pfarrei gestiftet, die Remigiuskirche wurde eine der »Mutterkirchen der Baar«. Über das Zähringer Erbe kam die Stadt für knapp ein Jahrhundert an die Grafen von Fürstenberg, die Burg und Stadt 1305 im Kampf gegen König Albrecht I. verloren. Bräunlingen blieb bis 1805 österreichische Enklave im fürstenbergischen Territorium.

Die Stadt hat sich ihr mittelalterliches Stadtbild bewahrt. In langen Fluchten reihen sich traufständige Ackerbürger- und Bürgerhäuser, oft mit Staffelgiebel als Brandschutz, aneinander und zeichnen den Verlauf der Stadtmauer nach. Zwischen den Häuserzeilen bleibt überraschend viel Raum für bunte

Das Mühlentor in Bräunlingen, das letzte von einst vier Stadttoren

Gärten und breite Wege. Von den einst vier Stadttoren steht noch das **Mühlentor,** das **Rathaus** stammt aus dem Jahr 1590. Die **Pfarrkirche »Unsere liebe Frau vom Berge Carmel«** in der Stadtmitte ist ein Weinbrenner-Bau, der anstelle der barocken Liebfrauenkirche in den Jahren 1881 bis 1883 errichtet wurde. Franz Joseph Simmler (1846–1926) schuf die reiche Ausstattung. Aus der Vorgängerkirche blieb die 1720 in der Schupp-Werkstatt Villingen gearbeitete Kanzel mit vergoldetem Blattrankenwerk und Rosetten auf dem Schalldeckel.

Die **Remigiuskirche** liegt außerhalb der Stadt beim Friedhof, bis 1694 war sie Stadtkirche. Älteste Teile (um 1000) sind im Turm erhalten, der Chor wurde um 1450 errichtet, ihre heutige Form erhielt die Kirche 1859. Zu ihrem wertvollsten Schatz gehören die Skulpturen Maria und Johannes aus der Zeit um 1225, die Teil einer Kreuzigungsgruppe waren. Sie sind heute im **Kelnhof-Museum** zu sehen, ebenso die fünf spätgotischen Schreinfiguren des Flügelaltars. Das Museum, eingerichtet im ehemaligen Reichenauer Kelnhof, zeigt Stadt- und Kirchengeschichte sowie ländliche Alltagskultur und Volkskunst. Die Kunstsammlung umfasst Skulpturen, Gemälde und grafische Werke vom 13. Jahrhundert bis zur Gegenwart. Schräg gegenüber, am Zunfthaus der Narrenzunft Eintracht, »strandete« 2004 das »Bräunlinger Narrenschiff« des Künstlers Bernhard Wintermantel.

Zum **Bräunlinger Straßenmusiksonntag** kommen Musiker, Gaukler, Barden, Komödianten, Pantomimen, Pflastermaler und Kunsthandwerker in die Stadt. Das Straßenkunstfestival findet alle zwei Jahre, immer in den »geraden« Jahren, am letzten Augustwochenende statt.

Informationen: www.braeunlingen.de oder Telefon (07 71) 60 31 44.

Hüfingen

Das römische Brigobanne war auch in alamannischer Zeit eine wichtige Siedlung, ein in den Jahren 1975 bis 1978 ergrabenes alamannisches Gräberfeld gehört zu den reichsten des Landes. Im 13. Jahrhundert gehörte Hüfingen den Herren von Blumberg. Der **Sennhof** war vermutlich der Vogtshof ihrer Burganlage. Gedrittelt diente er später als Zehntscheuer, Salzstadel und Gefängnis. Unter der **Kirche Sankt Verena und Gallus** fand man Mauerreste einer romanischen Apsis, wohl aus dem 12. Jahrhundert. Seitdem wurde die Kirche mehrfach erweitert und stilistisch verändert, geblieben sind bedeutende Kunstwerke: das Schaffhauser Kreuz aus der Zeit um 1330, das Kreuzigungsgemälde über dem Hochaltar von Johann Baptist von Seele, die beiden Anbetungsengel von Luzian Reich d. Ä., Seitenaltäre von Matthias Faller, Holzskulpturen von Anton Joseph

Idyllischer Winkel am Mühlkanal in Hüfingen

Schupp und Anton Hops. Sankt Verena und Gallus war bevorzugte Grablege der Freiherren von Schellenberg, die seit 1383 die Stadtherren waren und 1523 das Obere Schloss bauten. Das Sandsteinepitaph an der rechten Kirchenseite für Gebhard von Schellenberg und Barbara von Faulbach wird Hans Morinck zugeschrieben.

1620 kauften die Fürstenberger den Ort, Graf Froben Ferdinand von Fürstenberg-Meßkirch (1664 bis 1741) ersetzte das Obere Schloss durch einen Neubau und ließ einen großen Barockgarten anlegen. Das **Schloss** diente ab 1870 als Fürstlich-Fürstenbergisches Landesspital, heute ist das Kulturdenkmal Altenpflegeheim. Im »süßen Winkel«

Der Töpfermarkt auf dem Sennhofplatz in Hüfingen

steht das **Schellenberghaus,** in dem der letzte seines Stammes, Joseph Anton von Schellenberg, in Miete lebte und völlig verarmt starb. Vorbildlich saniert wurde die alte **Stadtmühle** der Schellenberger, die **Zehntscheuer** ziert noch das Wappen des Konstanzer Bischofs. Das **Stadtmuseum** widmet sich in erster Linie dem Künstlerkreis um Lucian Reich, dem »Malerpoeten«. Das Erdgeschoss ist der Ur- und Frühgeschichte und den Grabungsfunden vorbehalten.

In **Hüfingen** wird das **Fronleichnamsfest** besonders festlich begangen. Dem Bildhauer Franz Xaver Reich (1815–1881) hatten es die Blumenteppiche in Süditalien angetan. An Fronleichnam 1842 legte er den ersten Teppich aus Feldblumen vor seinem Haus aus. Heute kommen die Menschen von weit her, um den 600 Meter langen Blumenteppich auf dem Prozessionsweg zu bestaunen. Bis zum Abend bleibt die Pracht liegen, dann werden die Blüten in die Breg gefegt. Im September finden in Hüfingen die **»Internationalen Keramik-Wochen«** statt, mit Töpfermarkt auf dem Sennhofplatz und Ausstellungen keramischer Kunst.

Informationen:
www.huefingen.de oder
Telefon (07 71) 60 09 24.

Römerbad >T3

Hausen vor Wald

In den Hüfinger Teilorten Hausen vor Wald und Mundelfingen finden sich zwei schöne, in ihrem Charakter ganz unterschiedliche Barockkirchen. Die Witwe von Franz Hektor von Schellenberg, Maria Antonia Susanna von Schönau, gab den Auftrag für den Bau der barocken **Pfarrkirche Sankt Peter und Paul** in Hausen vor Wald. Die Pläne zeichnete der Kapuzinerpater Adam von Markdorf, gebaut wurde die Kirche in den Jahren 1747 bis 1749. Der Innenraum ist üppig stuckiert, am schönsten die Adelsloge im Chor, die auch die Wappen derer von Schellenberg und Schönau trägt. Das Deckengemälde in kräftigen Farben schuf der fürstenbergische Hofmaler Franz Joseph Weis (1735–1790), Chorgestühl und Beichtstuhl sind Arbeiten des Hüfinger Schreiners Xaver Schelble.

Die Kirche war Grablege der Freiherren von Schellenberg, fünf Epitaphe erinnern an die Familie.

Mundelfingen

Die **Kirche Sankt Georg** (1750/51) in Mundelfingen zählt zu den schlichteren Barockkirchen, doch in ihrer Raumwirkung ist die meisterliche Hand Peter Thumbs spürbar, der in den drei Jahren zuvor die Wallfahrtskirche Birnau am Bodensee geschaffen hatte. Elegant wirkt schon die Fassade mit ihrem schlanken, hohen, an die Birnau erinnernden Westturm und den leicht zurückschwingenden Seitenteilen. Im Inneren gliedern Wandpilaster die

Die Pfarrkirche Sankt Georg in Mundelfingen

einfache und zugleich harmonisch wirkende Saalkirche. Die Stuckierung des Raumes ist sparsam, reicher ausgestaltet ist der Chor. Die Malereien schuf Manfred Schmid 1964. Aus der Erbauungszeit stammen die schönen Altäre. Die Figuren Sankt Petrus und Sankt Margaretha, die das Kreuzigungsbild am Hochaltar flankieren, sind beachtliche Arbeiten eines unbekannten Meisters.

Blumberg

Mit Blumberg, dem »Schaufenster zur Schweiz«, ist der südlichste Zipfel der Region Schwarzwald-Baar-Heuberg erreicht, nur vier Kilometer Luftlinie sind es bis an die Kreis-, Regions- und Staatsgrenze. Die Stadt liegt geschützt zwischen Eichberg und Buchberg in einem Durchbruchstal, das einst die Feldberg-Donau ausräumte. Die heutige Wasserscheide zwischen der Wutach und dem Donauzufluss Aitrach verläuft mitten durch die Stadt. Erwachsen ist Blumberg aus einer kleinen Dienstleute-Siedlung neben der Burg der Herren von Blumberg. Im Verlauf des 14. Jahrhunderts entwickelte sich der Ort zu einem befestigten Marktflecken, 1536 kam Blumberg schließlich an das Haus Fürstenberg.

Museumsbahn, Eisenverhüttung **>T9**

i

Bräunlingen

Kelnhof-Museum, Zwingelgasse 1: Jeden ersten So im Monat, 14–16.30 Uhr und nach Vereinbarung, Telefon (07 71) 60 31 44.

Donaueschingen

Fürstlich Fürstenbergisches Schloss: Die Besichtigung ist nur im Rahmen einer Führung möglich. 1. Mai–31. August, 11 Uhr und 14.30 Uhr. Gruppen ganzjährig nach Voranmeldung, Telefon (07 71) 8 65 63.

Fürstlich Fürstenbergische Sammlungen, Karlsplatz 7: April–November, Di–Sa 10–13 Uhr und 14–17 Uhr.
So und Feiertage 10–17 Uhr, Telefon (07 71) 8 65 63.

Rathaus, Rathausplatz 1: Mo–Do 8–12 Uhr und 13.30–17 Uhr, Fr 8–12 Uhr, Telefon (07 71) 85 72 21.

Hüfingen

Stadtmuseum, Nikolausgässle 1: So 14–17 Uhr und nach Vereinbarung, Telefon (07 71) 8 96 84 79.

R7 Im Primtal und auf der östlichen Baar

Die östliche Baar bildet das reizvolle Bindeglied zwischen Baarmulde und Albhochfläche. Der Dreifaltigkeitsberg über Spaichingen bietet einen herrlichen Panoramablick über diesen Landschaftsraum: im Vordergrund das weite, ebene Primtal, das sich nach Süden im Faulenbachtal fortsetzt. Dahinter ragen von links wie Zungen die dunkel bewaldeten Höhenrücken der Baaralb ins Bild. Die Donauzuflüsse haben die Hochfläche in breite, parallele Riegel zerlegt. In deren Vorfeld erheben sich der charakteristische Kegel des Hohenkarpfen und der in die Länge gezogene Lupfen, der »König der Baar«. Beide sind Zeugenberge und markieren die ursprüngliche Linie des Albtraufs. Jahr für Jahr weicht die Traufkante unmerklich zurück, dramatische Bergstürze, wie zum Beispiel 1880 am Zundelberg, rücken diesen schleichenden Prozess jedoch immer wieder ins Bewusstsein. Auf der Höhe von Spaichingen führen die bewaldeten Hügel des Braunen Jura hinunter auf die Liasplatten des Albvorlandes. Von Auwald und Gebüsch gesäumte Bachläufe haben hier eine sanfte Hügellandschaft modelliert, neben Grünlandwirtschaft wird Ackerbau betrieben. Das Zentrum des Albvorlandes, die Stadt Trossingen, ist hinter Hügelkuppen gerade noch zu erkennen. Fast schon vom Dunst verschluckt begrenzt in der Ferne das dunkle Band des Schwarzwaldes den Horizont.

Der **Dreifaltigkeitsberg** selbst, mit 983 Metern einer der höchsten Gipfel der Südwestalb, zog seit der Jungsteinzeit die Menschen an. Über die Zeitläufte hinweg diente er ihnen als Fliehburg, Siedlungs- und Burgplatz und seit 1320 als viel besuchter Wallfahrtsort. Nach einem Holzkirchlein aus dem Jahr 1320 entstand 1415 die erste Steinkirche. Der österreichische Obervogt in Fridingen, Christoph Kalt und seine Ehefrau Barbara ermöglichten durch eine Spende von 5000 Gulden 1666 den Bau der frühbarocken Kirche, die Weihe erfolgte 1673. 1761 bis 1767 erfuhr die Kirche eine spätbarocke Erweiterung und erhielt über der Vierung eine flache Kuppel. Nach Plänen von Joseph Anton Feuchtmayer wurde das holzgeschnitzte Gnadenbild (1680) aus der Schupp-Werkstatt Villingen

Prim
Aldingen
Dreifaltigkeitsberg
Trossingen
Spaichingen
Dürbheim
Hohenkarpfen
Faulenbach
Lupfen
Seitingen-
Oberflacht
Talheim T6
Wurmlingen
Eßlingen T6
Konzenburg T4
Ippingen T5
Bachzimmern T5 T9

Die Wallfahrtskirche auf dem Dreifaltigkeitsberg

in den Hochaltar integriert. Die Figuren an den Altären sind vermutlich Arbeiten Johann Georg Dirrs, die Blätter der Seitenaltäre malte Franz Ferdinand Dent. 1842 zerstörte ein Blitzeinschlag die Haube des Kirchturms, der nun für die Einrichtung eines topographischen Festpunktes der Landvermessung eine Plattform bekam.

Den Weg hinauf zum Dreifaltigkeitsberg säumten früh Kapellen und Kreuzwegstationen, der heutige Kreuzweg mit 14 Stationen wurde 1954 geweiht.

Spaichingen

Die Stadt im Primtal entwickelte sich aus einem lang gestreckten Straßendorf, einen **Marktplatz** als urbanes Zentrum gibt es erst seit 1965. Entlang der Hauptstraße liegen die **neugotische Kirche,** das **alte Rathaus** und das ehemalige **Obervogteiamt.** Der stattliche barocke Bau mit hohem Satteldach erinnert an die vorderösterreichische Geschichte des Ortes, württembergisch wurde Spaichingen 1805, zur Stadt erhoben 1828. Der wirtschaftliche Aufschwung ab der zweiten Hälfte des 19. Jahrhunderts lässt sich an der Stadterweiterung ablesen, viele Bauten im Stil des Historismus entstanden. Ein gutes Beispiel ist das vom Gewerbeverein 1876 als Bank, Gewerbeschule und Ausstellungsraum errichtete **Gewerbe-Museum,** ein Bau der Neorenaissance. Das 1991 eingerichtete Museum vermittelt auf sehr anschauliche Weise die Entwicklung Spaichingens vom Dorf zur Industriegemeinde.

Dürbheim

Für die kleine, im Zopfstil ausgestattete **Kosmas- und Damiankapelle** an der Dürbheimer Steige schuf Ignaz Günther, einer der wichtigsten Bildhauer des bayerischen Rokoko, die Apostelfiguren Petrus und Paulus. Heute sind in der Kirche leider nur Kopien zu sehen, die Originale wurden 1975 gestohlen. Sehenswert ist auch die **Pfarrkirche** mit ihrem schönen Rokokoaltar und der Kanzel.

Spannende Landschaftsgeschichte lässt sich im Tal studieren. Zwischen Balgheim und dem **Dürbheimer Moos** verläuft die Europäische Wasserscheide. Die Prim fließt dem Neckar, der Faulenbach der Donau zu. Ausgeräumt wurde das breite Tal jedoch schon vor rund einer Million Jahren, als noch die Ur-Eschach vom Schwarzwald kommend durch die Spaichinger Pforte zur Donau strömte. Das Ried mit dem Egelsee ist der Rest eines eiszeitlichen »Stausees«, der nach und nach verlandete. Auf den wasserundurchlässigen Braunjuratonen entstand ein Niedermoor. Früher wurde Torf abgebaut, heute steht das Dürbheimer Moos unter Naturschutz. 65 Vogelarten brüten hier, darunter der seltene Kiebitz. Knabenkraut, Fieberklee und Sumpf-Herzblatt sind Teil der reichen Pflanzenwelt.

Wurmlingen

In den Talauen am Zusammenfluss von Faulenbach und Elta, südlich von Wurmlingen, schnitt man beim Bau der Eisenbahn 1860 und beim Wasserleitungsbau 1905 und 1929 Reihengräber an, die ins 6. und 7. Jahrhundert weisen. Dabei konnte man unter anderem eines der wenigen Goldblattkreuze bergen, die man bisher nördlich der Alpen fand.

Im hübschen Ortskern liegt das unter Dompropst Jakob Fugger erbaute **Wurmlinger Schloss,** einst Verwaltungssitz der dompropsteilich-konstanzischen Herrschaft Konzenberg, zu der auch Seitingen und Oberflacht gehörten. Die »**Alte Vogtey**« gegenüber, ein stattliches Bauernhaus, ist heute Museum. Wenige Schritte entfernt steht der

Die frühklassizistische Pfarrkirche Sankt Gallus in Wurmlingen

Kirchberg und die Kirche Mariä Himmelfahrt in Seitingen-Oberflacht

»Hohbühl«, ein nicht minder beeindruckendes Gebäude mit Staffelgiebel aus dem 16. Jahrhundert. Mit dem Neubau der **Kirche Sankt Gallus** beauftragte Dompropst Johann Nepomuk von Hornstein-Weiterdingen den Fürstlich Fürstenbergischen Hofkammerrat und Baudirektor Franz Joseph Salzmann. Dieser entwarf 1782 bis 1784 einen in elegantem Weiß und Gold erstrahlenden, frühklassizistischen Kirchenraum, in dem auch noch etwas von der Leichtigkeit und Verspieltheit des Barock anklingt.

Römerbad >T3

Seitingen-Oberflacht

Der Seitinger Kirchberg liegt auf einem Höhenrücken zwischen Elta und Schönbach. Wehrhaft ummauert und denkmalgeschützt sind **Pfarrkirche, Pfarrhaus, Pfarrscheuer, Mesner- und Kaplaneihaus.** Dompropst Johann Ferdinand Truchsess von Waldburg-Wolfegg war es, der die **Kirche Mariä Himmelfahrt** 1759 im barocken Stil umgestalten und ausstatten ließ. Sie ist eine der schönsten Dorfkirchen der ausgehenden Barockzeit, besitzt eine Rokokokanzel und Chorstühle aus der Renaissance. Herausragend die Deckengemälde von Franz Ludwig Herrmann, Hofmaler in Konstanz, mit Themen der Marienverehrung und dem Abendmahl. Die Eustasiuskapelle, wenige Schritte entfernt auf der Anhöhe, birgt einen Hochaltar von Balthasar Zaiger.

Auf dem Kirchberg befindet sich auch das **Museum Seitingen-Oberflacht,** eine Fundgrube zur Geschichte der Alamannen. Das Gräberfeld in Oberflacht zählt zu den historisch bedeutendsten und vielseitigsten Fundstellen in Europa. Man fand nicht nur Metallgegenstände, sondern, bedingt durch die Lage der Gräber im konservierenden Grundwasserhorizont, auch Holz-, Textil- und Nahrungsreste. Der schönste Fund war eine Leier, die einem Toten ins Grab gelegt worden war. Kurz nach dem Ortsende Richtung Durchhausen erinnern das umgrünte **»Sängergrab«** und eine Gedenktafel an die Ausgrabungen im 19. und 20. Jahrhundert.

Hohenkarpfen

Auch wenn seine Form an die Hegauvulkane denken lässt, so kann der Hohenkarpfen (912 Meter)

Unverkennbar: der Hohenkarpfen

seine Albherkunft nicht verleugnen. Nicht nur der Gesteinsaufbau, auch die Pflanzenwelt des unter Naturschutz stehenden Zeugenberges ist albtypisch: Wacholderheide und Magerrasen, auf denen Silberdistel, Fransenenzian und Frühlingsfingerkraut blühen, dazu auf der Bergkuppe in den alten Burggräben Rosen-Hasel-Gebüsch und Schwarzer Holunder. Die Burg der Herren von Karpfen, die 1491 an den unehelichen Sohn Graf Eberhards im Barte und dessen Nachkommen ging – die jüngere Linie derer von Karpfen –, wurde im Dreißigjährigen Krieg völlig zerstört. Übrig geblieben ist der **Meierhof,** der durch Privatinitiative vorbildlich saniert und zu einem modernen Restaurant ausgebaut wurde. Die mächtige Scheune dient der **Kunststiftung Hohenkarpfen** als Ausstellungsraum.

Kunststiftung Hohenkarpfen >T10

Lupfen

Den markanten Lupfen (977 Meter), Mittelpunkt des Lupfener Berglands, wählte das alte schwäbische Adelsgeschlecht der Lupfen, die schon 920 Erwähnung fanden, als Stammsitz. Als letzter der Lupfen starb 1582 Heinrich, Graf von Lupfen und Landgraf von Stühlingen, er wurde in der Martinskirche zu Engen beigesetzt. Von der einst stattlichen **Burg,** die um 1100 erbaut, 1377 von Rottweil zerstört und 1416 endgültig geschleift wurde, sind nur noch kümmerliche Reste zu sehen. 1444 kam die Herrschaft Lupfen durch Kauf an Württemberg. Heute genießt man den weiten Rundum-Blick von einem **Holzturm** aus, den der Schwäbische Albverein erstellt hat.

Trossingen

Die Stadt Trossingen erwuchs aus den Dörfern Ober- und Untertrossingen. Schöne Bauernhäuser sind bis heute wichtige Mosaiksteine im Stadtbild. Zwischen Ober- und Unterdorf entstand das Trossingen der Gründerzeit: ein neues Zentrum mit **Rathaus und Schulgebäuden im Jugendstil** und gleich vis-à-vis das eindrucksvolle Hohner-Fabrikareal. Die Harmonikaindustrie, die Matthias Hohner, Christian Messner, Christian Weiss und Andreas Koch in der zweiten Hälfte des 19. Jahrhunderts begründet hatten, war Motor der wirtschaftlichen Entwicklung und machte Trossingen als Musikstadt weltbekannt. Einige der Industriebauten des Hoh-

Die Hohner-Villa in Trossingen wurde im Stil des Historismus erbaut

ner-Karrees wurden mittlerweile zwar abgerissen, erhalten blieb aber das denkmalgeschützte Kesselhaus von 1899. An die Gründerzeit erinnern zudem die Villen der Industriepioniere, allen voran die **Hohner-Villa** im Stil des Historismus. Die Fassade des Rathauses spiegelt sich im modernen Bau der **Staatlichen Hochschule für Musik,** die zusammen mit der Bundesakademie für musikalische Jugendbildung und dem Hohner-Konservatorium den Ruf Trossingens als Musikstadt untermauert. Die Kulturgeschichte der Mundharfe dokumentiert das **Deutsche Harmonikamuseum,** einzigartig ist die Sammlung von etwa 25 000 verschiedenen Mundharmonikas, Handharmonikas, Akkordeons, Bandoneons und Konzertinas. Eine eigene Abteilung widmet sich der einfallsreichen Vermarktung der Mundharmonika.

Zu den wenigen barocken Kirchenbauten im evangelischen Württemberg zählt die 1743 bis 1746 erbaute **Martin-Luther-Kirche.** Baumeister waren Johann Adam Groß d. Ä. aus Winnenden und der Trossinger Zimmermeister Hans Martin Kratt. Im Inneren konnte die originale Farbfassung mit ihren heiteren Grau- und Rosatönen und dem frischen Grün und Rot der Blumengehänge rekonstruiert werden. Links an der Kirche vorbei gelangt man zum ehemaligen Versand- und Bürogebäude der »Württ. Harmonikafabrik Chr. Weiss«, einem stattlichen Backsteinbau aus der Gründerzeit. An ihn schließt das **Alte Rat- und Schulhaus** an, 1522 als

In der Glasfront der Staatlichen Hochschule für Musik spiegelt sich die Jugendstil-Fassade des Trossinger Rathauses.

Rathaus erbaut und im 18. Jahrhundert als Schule genutzt.

Am Marktplatz steht das **Heimatmuseum »Auberlehaus«.** Schon das Gebäude als solches, ein ehemaliges Wirts- und Bauernhaus, ist sehenswert. Doch das Haus hat weit mehr zu bieten. Unter dem Motto »Leben–Wohnen–Arbeiten« wird Sozialgeschichte in originalen historischen Wohnungen und Werkstätten lebendig. Zudem besitzt das Museum eine umfangreiche Mineralien- und Fossiliensammlung, darunter zwei komplette Dinosaurierskelette, die nicht nur kleine Besucher begeistern. Trossingen gilt als weltweit größte Fundstelle für Saurier der Gattung Plateosaurus, Urzeitriesen, die bis zu zehn Meter lang werden konnten.

Ab September 2007 werden spektakuläre alamannische Holzfunde das Museum bereichern. Bereits seit dem 19. Jahrhundert ist ein merowingerzeitliches Gräberfeld in Trossingen bekannt, wegen der teilweisen Überbauung war die Erfassung des gesamten Areals aber nicht möglich. Bei punktuellen Grabungen kamen jedoch immer wieder Einzelfunde zu Tage, zuletzt 2001/02. Unter ähnlichen geologischen Bedingungen wie in Oberflacht fand man zwölf Gräber mit sehr gut erhaltenen Ausstattungsteilen und Beigaben aus Holz, die nun erstmals mit modernen Methoden gesichert werden konnten, ein absoluter Glücksfall für die Mittelalterarchäologie. Zu den Funden gehören eine Feldflasche aus Ahornholz, ein Stuhl mit gedrechselter Rückenlehne, ein gedrechselter Leuchter aus Eichenholz und – für die Musikstadt Trossingen besonders wertvoll – eine vollständig erhaltene, kunstvoll verzierte Leier, die auf das Jahr 580 datiert werden konnte.

Eisenbahnmuseum >T9

!

Trossingen bietet im »Dr.-Ernst-Hohner-Konzerthaus« und in der »Kulturfabrik Kesselhaus« ein ungewöhnlich vielseitiges Veranstaltungsprogramm von Klassik über Jazz und Kleinkunst bis hin zu Theatervorstellungen. Zu den Highlights zählt das Festival **»Blues-Fabrik«,** das alljährlich im Herbst stattfindet.

Informationen:
www.trossingen.de oder
Telefon (0 74 25) 2 50 sowie
www.blues-fabrik.de

Aldingen

Einen kostbaren spätmittelalterlichen Schatz birgt die barocke evangelische **Mauritiuskirche** in Aldingen, den **Dellinger Altar.** Der Flügelaltar zeigt das Abendmahl, Christi Geburt und die Anbetung der Könige. Eine Holzkirche wurde an dieser Stelle um 700 errichtet. Bei archäologischen Untersuchungen entdeckte man unter den Resten dieser Kirche eine Siedlungsschicht mit alamannischen Pfosten- und Grubenhäusern, die auf eine Siedlung aus der Zeit um 400 hinweisen. Die Glasfenster in der katholischen **Kirche Maria Verkündigung,** erbaut 1962/63, schuf Romuald Hengstler. Das sorgfältig restaurierte Bauernhaus im Dörfle 7 mit Schindeldach und Fenstererker ist ein typisches Beispiel für die dörfliche Architektur der östlichen Baar. In die Ur- und Frühgeschichte Aldingens entführt das **Museum »Hengstler-Villa«,** unter anderem wird die Nachbildung eines Krokodilsauriers gezeigt. Dass schon früh rund um Aldingen Menschen lebten, bezeugen eine steinzeitliche Pfeilspitze sowie bronze- und eisenzeitliche Grabhügel und keltische Viereckschanzen auf Aldinger Gemarkung.

Firma Hengstler >T8

i

Aldingen

Museum »Hengstler-Villa«, Hauptstraße 69: Erster und dritter So im Monat, 14–17 Uhr. Führungen nach Vereinbarung, Telefon (0 74 24) 8 82-0.

Seitingen-Oberflacht

Museum Seitingen-Oberflacht, Schulweg 7: Das Museum ist während Veranstaltungen geöffnet oder nach Rücksprache mit dem Bürgermeisteramt, Telefon (0 74 64) 9 86 80.

Spaichingen

Gewerbe-Museum, Bahnhofstraße 5: So 14–17 Uhr. Führungen nach Anmeldung, Telefon (0 74 24) 50 14 45.

Trossingen

Museum »Auberlehaus«, Marktplatz 6: März–Januar, So 14–17 Uhr. Sonderführung nach Absprache (0 74 25) 2 77 03.

Deutsches Harmonikamuseum, Löwenstraße 11: März–Dezember, Di–Fr, So und Feiertage 13.30–17 Uhr. Januar–Februar nach Anmeldung, Telefon (0 74 25) 2 16 23.

Schwäbische Alb

R8 Tuttlingen, Donautal und Hegaualb

Von Geisingen an bahnt sich die Donau ihren Weg quer durch die Schwäbische Alb und trennt Baaralb und Heuberg im Norden von der Hegaualb im Süden. Im Vergleich zum vielgerühmten, dramatisch-schönen Felsental der Donau wirkt die Hegaualb un-

scheinbar, eine flach gewellte, nach Süden abfallende schiefe Ebene, teils landwirtschaftlich genutzt, teils von Wald bestanden. Spektakulär wird sie durch ihr Gegenüber: Aus dem Talgrund steigen die Vulkankegel des Hegaus auf, zwischen Hügelkuppen lugt blau schimmernd der Bodensee hervor, darüber das Alpenpanorama von der Zugspitze über den Säntis bis zu den Berner Alpen. Die Hegaualb ist ein einziger, großartiger Aussichtsbalkon. Entstanden ist sie, als das tertiäre Meer an die Brandungskliffs schlug und im Küstenbereich die einstigen Kuppen einebnete. Im Kreis Tuttlingen zieht sich die Klifflinie vom Wartenberg bei Geisingen über den Kapf bei Tuttlingen bis nach Irndorf.

Tuttlingen

Wo sich das Donautal vor der Felsenenge noch einmal weitet, dehnt sich rund um den Honberg und am gegenüberliegenden Donauufer die Große Kreisstadt Tuttlingen aus. Obwohl schon 797 in einer Schenkungsurkunde des Klosters Sankt Gallen erstmals erwähnt und noch vor 1338 zur Stadt erho-

Vor dem Rathaus in Tuttlingen

Das Aeskulap-Fabrikgebäude von Philipp Jakob Manz in Tuttlingen

ben, erinnert heute nichts mehr an das mittelalterliche Gassengewirr. Der verheerende Stadtbrand von 1803 bedeutete für die Innenstadt einen völligen Neubeginn. Landbaumeister Carl Leonard von Uber entwarf ganz im Geist des Klassizismus nach antikem Muster den Grundriss für die damals modernste Stadt Württembergs. Wie auf einem Schachbrett kreuzen sich schnurgerade Straßen im rechten Winkel, im Zentrum bilden zwei Straßenachsen den großzügigen **quadratischen Marktplatz.** Selbst private Bauherren folgten einem einheitlichen, von Uber entwickelten Bauplan: Das typische Haus hat die Form eines Kubus, bedeckt von einem steilen Walmdach, dem »Tuttlinger Hut«. Misthaufen und Ställe passten selbstredend nicht mehr ins neue Stadtbild, sie verschwanden in den Innenhöfen.

Etwas aufwändiger gestaltet ist das neue **Rathaus.** Ein Mittelrisalit gliedert die Fassade, Gauben und zwei Türmchen zieren das Walmdach. Der Bau der neuen **Stadtkirche** an Stelle der gotischen Peter- und Paulkirche musste aus Geldmangel zunächst warten. Erst 1817 konnte das einfache, nach Plänen Nieffers erbaute Gotteshaus eingeweiht werden. Bürgerspenden ermöglichten dann ab 1868 die schrittweise Ausschmückung. 1893 erhielt Rudolf Yelin senior aus Stuttgart den Auftrag für die Bilder an der Kanzelwand, Fritz Hummel malte die Scheinarchitektur im Renaissance-Stil. Hofdekorationsmaler Eugen Wörnle, die Bildhauer Lindenberger und Rühle aus Stuttgart sowie der Tuttlinger Bildhauer Christian Teufel schufen in den folgenden Jahren einen prachtvollen Saalraum, der mit seinen Säulen, deren Kapitelle an Ägypten erinnern, fast exotisch anmutet. 1903 erhielt die Kirche durch Oberbaurat Heinrich Dolmetsch ihre berühmte Jugendstilfassade mit Statuen aus französischem Savonière-Kalkstein, Stuckbändern und farbig gefassten Pflanzenornamenten aus reinem Zement.

Den Einblick in ein typisches Ackerbürgerhaus aus der Aufbauzeit nach dem Stadtbrand ermöglicht das **Stadtmuseum »Tuttlinger Haus«.** Vom unveränderten Walmdach über den Aufzugsschacht im Gebäudeinneren bis hin zur Aufteilung in Stockwerkseigentum sind alle Charakteristika der Tuttlinger Häuser vertreten. Gleich gegenüber im ehemals württembergischen **Fruchtkasten** ist das **Heimatmuseum** untergebracht, das momentan zu einem Schwerpunktmuseum der Industriegeschichte Tuttlingens umgestaltet wird.

Der Messerschmied Gottfried Jetter legte den Grundstein für die Entwicklung der Stadt zum **Zentrum der Medizintechnik.** Von seiner Gesellenwanderung brachte er die Idee mit, medizinische Instrumente herzustellen. Sein Unternehmen expandierte rasch, der medizinische Fortschritt verlangte nach

Jugendstilfassade der evangelischen Stadtkirche Tuttlingen

Die Kreisstadt Tuttlingen, im Hintergrund der Honberg

immer besseren Spezialinstrumenten. Nach Gottfried Jetter übernahmen seine Neffen, die Gebrüder Scheerer, den Betrieb und verlegten ihn von der Wilhelmstraße an den Ehrenberg direkt beim Bahnhof. Als Architekt für den Neubau der Firma Jetter & Scheerer, der späteren Aesculap AG & Co. KG, wurde Philipp Jakob Manz gewonnen. **»Tuttlinger Schloss«** nannte der Volksmund den dreigeschossigen Ziegelbau mit rundbogigen Fenstern und Dachgauben.

Festung Honberg >T4
Eisenverhüttung, Eisenbahnmuseum >T9
Städtische Galerie >T10

Höhepunkte aus dem Tuttlinger Veranstaltungsprogramm

»Bühne im Anger«: Kleinkunstreihe vom Feinsten in der Angerhalle in Möhringen.
»Honberg-Sommer«: Festival im Juli in der Festungsruine Honberg mit einem hochkarätigen Programm von Rock über Jazz, Pop und Hip-Hop bis hin zu Varieté, Comedy und Theater.
»Tuttlinger Hallen«: Theater, Kabarett, Klassik, Jazz, Rock, Volksmusik und vieles mehr in der Stadthalle Tuttlingen.
»Tuttlinger Krähe«: Festival der Kleinkunst, in dessen Rahmen der Kleinkunstpreis »Tuttlinger Krähe« verliehen wird.

Informationen:
www.tuttlingen.de oder Telefon (0 74 61) 91 09 96.

Mühlheim an der Donau

Die Siedlungsgeschichte Mühlheims beginnt im Stadtteil »Altstadt«, 843 wurde der an einer alten Handelsstraße gelegene Ort erstmals genannt, in dieser Zeit wurde wohl auch schon eine erste, dem heiligen Mauritius geweihte Kirche erbaut, eine der ältesten der Gegend. Das Schiff der heutigen **Sankt-Gallus-Kirche** dürfte aus ottonischer Zeit stammen, Chor und Seitenschiff sind gotisch. Zu einem Kleinod wird die Kirche jedoch durch ihre gut erhaltenen gotischen Wandmalereien. Im Chor sind in drei Reihen Szenen aus dem Leben Jesu dargestellt, am Chorbogen die klugen und törichten Jungfrauen. Zusammen mit der **Veitskapelle,** dem früheren Beinhaus, und dem Mesner-

Das Hintere Schloss in Mühlheim an der Donau

Mühlheim an der Donau: gotische Wandmalereien in der Sankt-Gallus-Kirche

haus bildet die Sankt-Gallus-Kirche ein hübsches Ensemble. Noch bis zum Ersten Weltkrieg fand am 15. Juni, dem Tag des heiligen Vitus, ein Kinderfest statt. Der Pfarrer predigte vom »Känzele« der Veitskapelle, danach durfte auf den Wiesen getollt und gefeiert werden.

Im 13. Jahrhundert gründeten die Grafen von Zollern auf einem Umlaufberg der Donau die neue Stadt Mühlheim. Von 1409 bis 1806 war sie im Besitz der Freiherren von Enzberg. Das Städtchen ist heute staatlich anerkannter Erholungsort und wegen seiner Bedeutung denkmalgeschützt. Von der Stadtbefestigung blieben das **Obere Tor** und weite Teile der **Stadtmauer** erhalten. Das **Hintere Schloss** mit den beiden Rundtürmen erhielt sein heutiges Aussehen 1751 bis 1753 durch Umbau und Erweiterung der mittelalterlichen Burg nach Plänen des Deutschordensbaumeisters Johann Caspar Bagnato (Privatbesitz). Im **Vorderen Schloss,** das den Abschluss des herrschaftlichen Bereichs bildete, ist heute ein Museum zur Stadtgeschichte eingerichtet. Zu den ältesten Häusern der Stadt gehört das **Fachwerk-Rathaus** aus dem 15. Jahrhundert. Seine offene, durch mächtige Holzsäulen gestützte Halle diente im Mittelalter als Kaufhaus. Die **Pfarrkirche Sankt Maria Magdalena** wurde im 18. Jahrhundert anstelle eines älteren Bauwerks errichtet.

Fastnacht >T7

Fridingen an der Donau

Die großen merowingischen Gräberfelder zeigen, dass Fridingen schon in alamannischer Zeit ein bedeutender Siedlungsplatz war, die erste urkundliche Erwähnung stammt aus dem Jahr 861. Die Grafen von Hohenberg ließen um 1300 unmittelbar neben dem Dorf die Stadt erbauen. Schon 1381 kam sie durch Kauf an Österreich und schließlich 1805 an Württemberg. Der rechteckige Verlauf der Stadtmauer lässt sich im Stadtbild gut nachvollziehen, die Häuser am Litschenberg sitzen gar auf Resten der Stadtmauer. Den Charme Fridin-

Das Ifflinger Schloss
in Fridingen an der Donau

gens als kleine Ackerbürgerstadt vermitteln die Fachwerkhäuser in der Mittleren Gasse und in der Zehntscheuergasse. Der Doppeladler über dem Tor der mächtigen **Zehntscheuer** erinnert an österreichische Zeiten. Im **»Scharfeck«**, einem Bürgerhaus aus dem Jahr 1554, wurde 1899 der Maler und Zeichner Franz Xaver Bucher geboren. Mitglieder der weit verzweigten Künstlerfamilie bemalten die Fassade des Hauses und die Gaststube mit Fridinger Motiven.

Die Geschichte des **Ifflinger Schlosses** beginnt um 1330 mit einer Wohnturmburg samt Umfriedung und Wassergraben. Im Verlauf der Jahrhunderte wurde die Burg mehrfach aus- und umgebaut, der eigentliche Wohnturm schließlich abgetragen, seine Südwand blieb jedoch als Rückfront des heutigen Baus erhalten. Seit 1987 ist im Schloss das **Museum »Oberes Donautal«** eingerichtet. In sieben Abteilungen werden ausgesuchte Kultur- und Kunstgegenstände aus Fridingen und der näheren Umgebung gezeigt. So besitzt das Museum Zeichnungen und Aquarelle Franz Xaver Buchers sowie Bilder des ebenfalls aus Fridingen stammenden expressiven Landschafts- und Kirchenmalers Alfons Epple (1899 bis 1959). Einen Sammlungsschwerpunkt des Museums bilden Funde aus der Vor- und Frühgeschichte. Die Jägerhaushöhle bei Fridingen gehört zu den bedeutendsten mittelsteinzeitlichen Fundstellen in Europa. Im 10. bis 6. Jahrtausend v. Chr. ließen umherziehende Jäger und Sammler Pfeilspitzen, Werkzeuge aus Feuerstein, Harpunenteile sowie Geräte aus Knochen und Geweih zurück.

Bleibt das Schönste zum Schluss, die **Sankt-Anna-Kapelle** am gegenüberliegenden Ufer der Donau. Das ursprünglich gotische Wallfahrtskirchlein mauserte sich im 18. Jahrhundert zur »barocken Perle im Donautal«. Der Fridinger Franz Josef Zoll schuf die Deckenfresken, Jakob Anton Wezel die Ölgemälde an den Emporen.

!

Felsen und Wald bilden die Kulisse für die **»Naturbühne Steintäle«** in Fridingen an der Donau. Etwa 100 Theaterspieler studieren jedes Jahr ein Erwachsenen- und ein Kinderstück ein. Saison: Ende Juni/Anfang Juli bis Anfang September.

Karten: www.steintaele.de oder Telefon (0 74 63) 78 14 (besetzt ab Mitte Mai).

Kloster Beuron

Knapp außerhalb der Kreisgrenzen liegt in einer malerischen Donauschleife das Kloster Beuron, dessen kultureller Einfluss bis weit in die Region hineinreichte. Um 1080 als Augustinerchorherrenstift gegründet, wurde das Kloster im Zuge der Säkularisierung 1802 aufgehoben. 1862 kamen die ersten Benediktinermönche und machten die alte Augustinerabtei zum Ausgangspunkt der benediktinischen Erneuerung.

Buchheim

Die barocke **Pfarrkirche Sankt Stephan** wurde 1741/42 gebaut. In den 1760er-Jahren erhielt sie ihre Rokoko-Ausstattung, die Altarblätter malte Franz Ferdinand Dent. Von der 1677 durch sächsische Soldaten zerstörten Vorgängerkirche blieb nur der Turm erhalten, im Volksmund **»Buchheimer Hans«** genannt. Er avancierte zum beliebtesten Aussichtsturm der Hegaualb.

Der »Buchheimer Hans« gewährt eine einzigartige Sicht auf Alpen, Hegau und Heuberg.

Neuhausen ob Eck

Die Gemeinde hatte im Mittelalter und in der frühen Neuzeit enge Bindungen zum Kloster Allerheiligen in Schaffhausen. Ein am Pfarrhaus angebrachter Wappenstein erinnert an die Zugehörigkeit zu diesem Kloster. Ende des 15. Jahrhunderts wurde Neuhausen württembergisch. Mit dem **Freilichtmuseum** besitzt die Gemeinde ein weithin bekanntes kulturgeschichtliches Kleinod.

Freilichtmuseum Neuhausen >T6

! 40 000 Menschen und mehr als 40 internationale Bands aus den Bereichen Rock und Pop treffen sich alljährlich Ende Juni ein Wochenende lang zum **Southside-Festival** auf dem Gelände des ehemaligen Flugplatzes Neuhausen ob Eck.

Informationen:
www.southside.de

Emmingen-Liptingen

In der noch bäuerlich geprägten Doppelgemeinde Emmingen-Liptingen im Zentrum der Hegaualb gilt es zwei Kirchen mit überraschender Ausstattung, zwei besondere Kapellen und einen herrlichen Ausblick zu entdecken. Den Hochaltar für die **Pfarrkirche Sankt Michael** im Ortsteil Liptingen schuf Joseph Anton Feuchtmayer. Große, auf Podesten stehende Figuren säumen den im Stil eines Lauben-Retabels gestalteten Altar. Die beiden Apostelfiguren Simon und Judas Thaddäus sind vorzügliche Kopien, die Originale stehen seit 1914 im Augustinermuseum Freiburg.

Die katholische **Pfarrkirche Sankt Silvester** in Emmingen ab Egg wurde 1841/42 im neuromanischen Stil erbaut. Da der Gemeinde das Geld für eine neue Ausstattung fehlte, schenkte ihr Fürst Egon II. von Fürstenberg den Hochaltar und zwei Seitenaltäre sowie das Chorgitter und die Chorstühle aus der ehemaligen Klosterkirche von Amtenhausen. Mit 65 Fuhrwerken zogen die Emminger eilig nach Amtenhausen und holten ihr Geschenk ab. Denkmalschützer hätten angesichts dieser Hauruck-Aktion die Hände über dem Kopf zusammengeschlagen, aber die Emminger schafften es irgendwie. Und so schmückt heute ein großartiger Altar die Kirche, der als das reifste und schönste Werk des Schongauer Bildhauers Johann Pöllandt gilt. Ein Kleinod ist auch die in Polierweiß gefasste barocke Kreuzigungsgruppe an der Nordwand, die einmal Teil des Hauptaltars der Hofkapelle des Meßkircher Schlosses war. Die um 1738 entstandene Figurengruppe gilt als Hauptwerk des jungen Riedlinger Bildhauers Joseph Christian.

Wahrzeichen des Dorfes sind die **Emminger Pestkreuze,** die um 1630 an allen vier Ortseingängen aufgestellt wurden, als Warnung an Reisende vor der im Ort ausgebrochenen Pest oder vielleicht auch als Abwehrsegen. Jede Gruppe besteht aus einem hohen Kreuz mit doppeltem Querbalken, dem eigentlichen Pestkreuz, drei kleineren Kreuzen und einem Bildstock. Im Laufe des 17. Jahrhunderts waren im Ort über 200 Menschen der Pest zum Opfer gefallen.

Die kunsthistorisch bedeutende **Zeilenkapelle** ist nicht ganz leicht zu finden: Richtung Engen, Abzweig Honstetten/Eigeltingen, dann links zum Lazerhof abbiegen und dem schmalen Weg bis zum Zeilenhof folgen. Verbaute rundbogige Fenster und das Rundbogenportal deuten auf die romanische Herkunft der kleinen, weiß getünchten

Die Emminger Pestkreuze wurden um 1630 aufgestellt.

Gotische Fresken in der Zeilenkapelle in Emmingen-Liptingen

Kapelle. Während die Bemalung des Langhauses nur fragmentarisch erhalten ist, leuchten im quadratischen Chor farbige Fresken, wohl aus der Zeit vor 1470. Dargestellt sind Szenen aus der Passionsgeschichte und Medaillons mit den zwölf Aposteln. Über dem Chor wölbt sich das Firmament mit Sonne, Mond und Sternen, wie in einer Kinderzeichnung tragen die Gestirne freundliche Gesichter.

Weiter Richtung Honstetten/Eigeltingen gelangt man zur **Kapelle Unserer lieben Frau von Schenkenberg.** Die barocke Schenkenbergkapelle ist bis heute ein beliebtes Wallfahrtsziel. Das Gnadenbild aus dem 16. Jahrhundert zeigt die Madonna mit Kind als Himmelskönigin. Bekannt wurde die Kapelle durch ihre rund 150 Votivtafeln, die an den Längswänden angebracht sind, die älteste stammt von 1693. »Ex voto« bedeutet »zum Gelöbnis«, der Notleidende versprach dem Heiligen, bei Erlösung aus seiner Notlage als Dank eine Wallfahrt zu unternehmen und ein Votivbild zu stiften.

Wenige Kilometer westlich von Emmingen an der Straße nach Hattingen erwartet den Reisenden beim Berggasthof **»Windegg-Witthoh«** der vielleicht vollkommenste Ausblick auf Vulkankegel, Bodensee und Alpen, den die aussichtsreiche Hegaualb zu bieten hat.

Höwenegg

Etwa ein Kilometer südlich von Leipferdingen, an der Straße nach Watterdingen, befindet sich ein 15 Meter hoher, vulkanischer Basalt-Tuffschlot, der Osterbühl. Ein Riese dagegen war der Höwenegg südlich von Immendingen, der vor zehn Millionen Jahren Feuer spuckte und eine dramatische Geschichte hinterließ. Von vulkanischer Asche bedeckt, fand man bei Grabungen 1950 bis 1953 eine Reihe Skelette von Säugetieren, die an einer Tränke vom plötzlichen Vulkanausbruch überrascht wurden: Antilopen, Nashörner, Säbelzahntiger, Pferdchen sowie elefanten- und hyänenartige Tiere. In den Schichten des Höwenegg fanden sich zudem Schildkröten, Krabben, Fische, Schnecken und Pflanzenreste. Die gehäuften Funde an einem Ort sind einmalig auf der Welt. Besonders das dreizehige Urpferdchen (Hipparion) ist ein wichtiges Leitfossil geworden. Die Umgebung dieses Urweltdramas mit einem 80 Meter tiefen Kratersee ist heute ein Lebensraum seltener Pflanzen und Tiere und gehört zum 20,5 Hektar großen **Naturschutzgebiet Höwenegg,** das durch einen gut beschilderten Rundweg erschlossen ist. Der grünschimmernde See und die farbigen Steilwände ringsum sind von einem hohen Zaun umgeben, betreten ist wegen Lebensgefahr strengstens untersagt. Die Burg Höwenegg fiel buchstäblich der Eisenbahn zum Opfer – für die Einbettung der Gleise wurde seit 1900 am Höwenegg Basalt abgebaut. Eine Rekonstruktion der Grabungsstätte befindet sich im Höwenegg-Saal des Museums für Naturkunde in Karlsruhe.

Immendingen

Ein Teil der einzigartigen Funde vom Höwenegg ist im **Heimatmuseum** Immendingen ausgestellt, unter anderem eine Kopie des Hipparion-Skeletts. Darüber hinaus zeigt das Museum sakrale Kunst aus dem Benediktinerinnenkloster Amtenhausen.

Dem **Oberen Schloss** in der Ortsmitte Immendingens kann man die Herkunft aus einer mittelalterlichen Wasserburg noch ansehen. Der Ostbau, der älteste Teil des Oberen Schlosses, stand damals frei und war vom Wasser des nahen Weißenbachs umgeben. Das Wasser muss man sich heute denken, das fensterlose Erdgeschoss dagegen sieht man immer noch. Erst in gefahrloser Höhe kann man zwei kleine Fenster entdecken. Wann die Wasserburg entstanden ist und wer sie gebaut hat, weiß man nicht sicher, der Anbau und die Erweiterung zum vierflügeligen Schloss mit drei runden Ecktürmen erfolgte im 15./16. Jahrhundert. 1956 übernahm die Gemeinde Immendingen das Gebäude. Es wurde grundlegend saniert und wird seitdem als Rathaus genutzt.

Ausgesprochen eigenwillig wirkt die benachbarte **Pfarrkirche Sankt Peter und Paul,** die in drei Bauphasen entstand. Der Turm aus dem

Das Obere Schloss in Immendingen entstand aus einer Wasserburg.

13. Jahrhundert mit netzgewölbter Turmhalle ist der älteste Bauteil. Die zugehörige, sehr kleine Kirche wurde 1787/88 durch einen Neubau nach Plänen Franz Joseph Salzmanns ersetzt. Im Chor, dessen Ausstattung klassizistische mit barocken und französischen Stilelementen verbindet, lässt sich die Herrschaftsgeschichte des Ortes ablesen. Die drei Altäre sind durch eine Galerie verbunden, unter der sich auf der einen Seite die Loge der Herren von Schreckenstein, auf der anderen Seite die Loge der Herren von Reischach befindet. Diesen Bau wiederum erweiterte man 1935/36 in westlicher Richtung um ein schlichtes Kirchenschiff und den neuen Altarraum. Im neuen Seitenschiff wurde ein kleiner Renaissance-Altar aus dem Kloster Amtenhausen aufgestellt.

Donauversickerung >T1
Fürstlich Fürstenbergische Maschinenfabrik >T9
Geisingen >T5
Möhringen >T5

Leipferdingen

Das Dorf Leipferdingen gehörte bis 1805 zur Deutschordenskommende Mainau. Gleich neben dem Rathaus fällt ein stattliches **Bauernhaus** mit schönem Fachwerk auf. Als Wallfahrtsort ist Leipferdingen bereits 1111 belegt, damals baute man für das wundertätige Gnadenbild eine Kapelle. Die **Wallfahrtskirche Sankt Michael** aus dem Jahr 1482 wurde bei einem Brand 1932 teilweise zerstört, der Chor mit seinem feingliedrigen, spätgotischen Netzgewölbe blieb jedoch unversehrt. Es ist das einzige Gewölbe dieser Art im Süden der Region Schwarzwald-Baar-Heuberg. Schlusssteine des Gewölbes zeigen eine Pieta, Sankt Georg mit Pferd und Drachen und Veronika mit dem Schweißtuch.

i

Fridingen an der Donau

Museum »Oberes Donautal«, Schlossgasse 20: 1. Mai–31. Oktober, Sa, So und Feiertage 14–18 Uhr und nach Vereinbarung, Telefon (0 74 63) 84 74.

Geisingen

Museum »Alte Gerbe«, Donaustraße 7: Öffnungszeiten und Führungen nach Vereinbarung, Telefon (0 77 04) 80 70.

Immendingen

Heimatmuseum, Hindenburgstraße 2: Geöffnet nach Anmeldung, Telefon (0 74 62) 240 oder 17 09.

Möhringen

Museum im Rathaus, Hermann-Leiber-Straße 4: Mo–Fr 8–11 Uhr, Mo–Do 14–16 Uhr, Telefon (0 74 62) 9 48 20.

Mühlheim an der Donau

Museum im Vorderen Schloss, Schlossstraße 1: So 14–17 Uhr und nach Vereinbarung Telefon (0 74 63) 18 70.

Neuhausen ob Eck

Freilichtmuseum: April–Oktober, Di–So und an Feiertagen 9–18 Uhr, Telefon (0 74 61) 9 26 32 05. Führungen nach Anmeldung, Telefon (0 74 67) 13 91.

Tuttlingen

Stadtmuseum »Tuttlinger Haus«, Donaustraße 19: Ostern bis 31. Oktober, Di, Do, Sa und So 14–17 Uhr, Telefon (0 74 61) 1 51 35.

Heimatmuseum im Fruchtkasten, Donaustraße 50: Sa und So 14–17 Uhr, Telefon (0 74 61) 1 51 35.

R9 Auf dem Heuberg

Eindrucksvoll ragt über dem Albvorland die Steilstufe des Albtraufs empor. Seine Stirn bilden die wohlgeschichteten Kalke des Weißen Jura, die an vielen Stellen aus dem Grün der Wälder leuchten. Wiesen und Wacholderheiden bestimmen heute das Landschaftsbild der kuppigen Hochfläche des Heubergs, noch bis weit ins 20. Jahrhundert hinein überwog dagegen trotz der kargen Böden der Ackerbau. Der Name Heuberg leitet sich deshalb vermutlich nicht von »Heu« ab, sondern könnte »Hoher Berg«, »Haiberg« bedeuten. Die Schwäbische Alb ist hier tatsächlich am höchsten – und von herber Schönheit. Das Gebiet ist nur dünn besiedelt, hier finden Wanderer noch einsame Wege, Ruhe und Erholung. Sie sollten allerdings nicht auf kühle Quellen am Wegesrand hoffen, Wasser ist auf der Alb knapp. Trockentäler durchziehen die Karstlandschaft, nur Bära und Lippach führen ständig Wasser. Die untere Bära und die Hochfläche östlich der Bära, das sogenannte Hardt bilden die Ostgrenze der Region Schwarzwald-Baar-Heuberg.

Irndorfer Hardt

Ein botanisch außergewöhnlich interessantes Gebiet ist das 103 Hektar umfassende Naturschutzgebiet Irndorfer Hardt, in dessen Mitte man noch den »Hauch der Eiszeit« spürt. Das Gelände hat die Form einer abflusslosen Mulde, in der sich die schwere kalte Luft sammelt, kein Monat ist hier frostfrei, jedes Jahr erfrieren junge Bäumchen. So ist das Irndorfer Hardt eines der wenigen Gebiete, in dem sich nach der letzten Eiszeit kein geschlossener Wald entwickeln konnte. Dafür blieben Kälte liebende Pflanzen, Eiszeitrelikte nennt man sie, etwa die Bleichweide, das Weideunkraut Weißer Germer und der Knöllchenknöterich. Das Berghähnlein, eine narzissblütige Anemone, ist aus den Tundren Asiens eingewandert. Auch die Bodenverhältnisse sind einzigartig, auf kleinstem Raum wechseln entkalkte Lehmböden mit Felsbuckeln aus Kalkgestein und so stehen Säure anzeigende Pflanzen wie Borstengras, Heidekraut oder Arnika neben den typischen, Kalk liebenden Albpflanzen. Lediglich die Orchideen fehlen, ihnen ist es zu kalt.

Menschen ließen sich von dem unwirtlichen Klima offensichtlich nicht abschrecken, bronzezeitliche Gräber deuten auf frühe Besiedlung

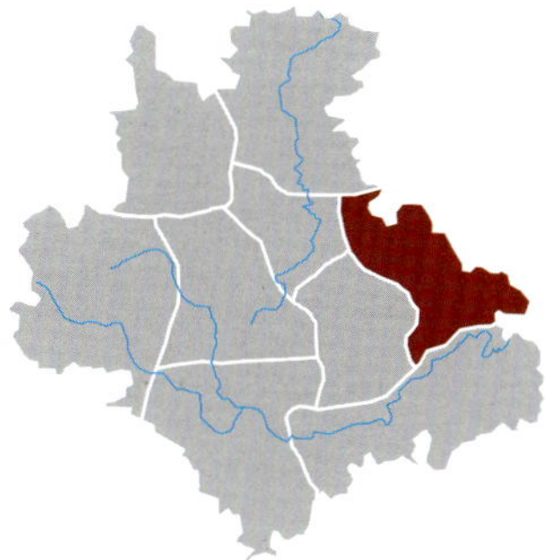

Gedenkstätte Eckerwald
Deilingen
Wilflingen
Wehingen
Wellendingen T7
Gosheim
Untere Bära
Egesheim
Granegg
Denkingen
Böttingen
Alter Berg
Wallfahrtskirche Aggenhausen
Irndorfer Hardt
Bära
Irndorf

Parkähnliche Landschaft im Naturschutzgebiet Irndorfer Hardt

hin. Dank des lichten Baumbestandes diente das Hardt über Jahrhunderte als Waldweide (Hardtwald), bis um 1850 die Stallfütterung aufkam und die Wiesen einmal im Jahr gemäht wurden. Da entstanden die parkähnlichen Holzwiesen mit ihren fotogenen Einzelbäumen. Sie sind typisch für weite Teile der Alb, mit der Intensivierung der Landwirtschaft gingen sie jedoch andernorts verloren. Als man begann, auch die Hardt-Wiesen zu düngen, kaufte die Gesellschaft für Naturkunde in Stuttgart seit 1932 Grundstücke, bis heute sind es 62 Hektar. Seit 1938 ist das Irndorfer Hardt Naturschutzgebiet. Das duftende, vitaminreiche Heu ist sehr gefragt und wird im Projekt »Heuberg-Aromaheu« überregional verkauft. Nur bei der großen **Doline** im Süden wird nicht gemäht und so gedeiht hier sogar der gelbe Enzian. Von Zeit zu Zeit muss gerodet werden, um die Landschaft offen zu halten. Die schönste Jahreszeit für einen Besuch ist das Frühjahr – der Sommer – der Herbst – und der Winter. Zu erreichen am besten vom Parkplatz an der Straße Irndorf–Schwenningen.

Irndorf

Der kleine Ort liegt im Süden der Albhochfläche über der Donau, unweit des Klosters Beuron. Die **Pfarrkirche Sankt Petrus,** 1848/49 im schlichten Kameralamtsstil erbaut, erhielt 1899 eine Ausmalung im Stil der Beuroner Kunstschule. In Beuron hatte sich seit 1868 um Peter Lenz und Jakob Wüger eine Gruppe von Künstlern zusammengefunden, die die christliche Kunst erneuern wollten. Abkehr vom Naturalismus zugunsten der Stilisierung und Abstraktion war ihr künstlerisches Programm. In der Irndorfer Kirche wirkte Pater Paulus Krebs. Bei der Kirchenrenovierung 1963 bis 1967 wurden die dunklen Braun- und Rottöne der Wände durch helle Farben ersetzt, Krebs' Grundidee der Ausmalung blieb jedoch erhalten.

Egesheim

Ins freundliche Wiesental der Unteren Bära schmiegt sich Egesheim.

Deckengemälde in der Egesheimer Kirche Mariä Himmelfahrt

Schon von weitem sichtbar führt der gotische Treppenturm zur **Kirche Mariä Himmelfahrt,** einer einfachen Dorfkirche – könnte man meinen. Betritt man sie, überwältigt im Innern die barocke Farbenpracht, besonders das Chorfresko zieht den Blick sofort auf sich. Kein geringerer als Joseph Ignaz Wegscheider hat hier sein letztes großes Werk geschaffen. Vollendet wurde die Ausmalung durch den jungen Franz Ferdinand Dent, Sohn einer Künstlerfamilie aus Kirchen-Hausen, der hier in Egesheim begann, seinen eigenen Stil zu entfalten. Den Auftrag für die Stuckarbeiten erhielt die berühmte Werkstatt Joseph Anton Feuchtmayers. Egesheim verdankt

Von der Burgruine Granegg hat man einen schönen Blick über Egesheim.

sein barockes Juwel dem Augustinerkloster Beuron, das seit 1232 Patronatsherr der Kirche war. Nur wenig zeitversetzt zur Barockisierung der Beuroner Klosterkirche begann auch in Egesheim 1758 die Neugestaltung der ursprünglich gotischen Kirche, Wegscheider und Feuchtmayer hatten zuvor in Beuron gearbeitet.

Einen besonders schönen Blick auf das Tal der Unteren Bära und das Dorfensemble mit Pfarrkirche, Pfarrhaus samt Pfarrscheuer und Rathaus hat man von der **Burgruine Granegg/Michelstein.** Der Wohnturm ist mit seinen 22 Metern Höhe und den Buckelquaderecken immer noch ein stattlicher Bau, von den Umfassungsmauern sind nur noch Reste erhalten.

Das **»Heidentor«**, ein natürliches Felsentor auf dem Höhenrücken Oberburg, nordwestlich von Egesheim, regte schon immer die Phantasie an. Auf Objekte aus Raubgrabungen aufmerksam geworden, die 1990 im Kunsthandel auftauchten, ließ das Landesdenkmalamt 1991 bis 1993 Grabungen durchführen. Gefunden wurde hauptsächlich keltischer Frauenschmuck. Und so nimmt man an, dass der Ort eine Kultstelle war, an der Frauen ihre Opfer darbrachten. Der Weg ist ab Ortsmitte ausgeschildert.

Vermutlich ein keltischer Kultort: das Heidentor bei Egesheim

Wehingen

Weiter der Unteren Bära folgend gelangt man über Reichenbach nach Wehingen. Gleich am Ortseingang beim Friedhof liegt die **Fronhofer Kirche,** eine der ältesten, vielleicht sogar die älteste Kirche auf dem Heuberg. Wehingen wurde erstmals 793 in einer Sankt Galler Urkunde erwähnt, 843 wird das Kloster Reichenau als Grundbesitzer genannt. Die Kirche selbst erscheint 1245 in einer Reichenauer Schenkungsurkunde, dürfte in Teilen aber wesentlich älter sein, die rundbogigen Fenster an der Ostseite deuten auf romanischen Ursprung. Im Innern trennt eine Wand Kirchenschiff und Chor. Das heutige Erscheinungsbild der Kirche und ihres Turms zeigt überwiegend gotische Formen.

Die Fronhofer Kirche in Wehingen

Marienkapelle in Deilingen

Deilingen

Das Schiff der Marienkirche in Deilingen musste 1971 wegen Baufälligkeit abgetragen werden. Erhalten blieben – als **Marienkapelle** – Chor und Turm der alten Kirche. Die Kapelle beherbergt einen prächtigen Hochaltar, den 1714 Balthasar Zaiger aus Waldshut schuf. Die gegenüberliegende moderne Pfarrkirche Christi Himmelfahrt wurde 1966 geweiht.

Gedenkstätte Eckerwald

An das »Unternehmen Wüste« erinnert der »Gedenkpfad Ecker-

Ruinen in der Gedenkstätte Eckerwald

wald«. In den letzten Kriegsmonaten des Zweiten Weltkrieges wurde versucht, aus dem ölhaltigen Posidonienschiefer des Albvorlandes Mineralöl zu gewinnen, ein damals technisch hoffnungsloses Unterfangen, das mehr als 3500 Menschen den Tod brachte. KZ-Häftlinge, zumeist Kriegsgefangene, mussten unter barbarischen Verhältnissen ihren Beitrag zur Kriegswirtschaft leisten. An den Ruinen des einstigen Werkes »Wüste 10« lassen sich noch die einzelnen Anlagefunktionen ablesen, eine Dauerausstellung vermittelt Hintergrundinformationen. Den geschundenen Häftlingen ist eine Bronzeplastik von Siegfried Haas gewidmet.

i

Der **Gedenkpfad** im Eckerwald an der Straße von Schömberg nach Wellendingen ist immer zugänglich. Führungen nach Vereinbarung, Telefon (07 41) 1 74 32 39

Wilflingen

In der schlichten **Dorfkirche Sankt Gallus** nehmen die leuchtenden Glasfenster von Albert Birkle gefangen, in ihrer Farbintensität erinnern sie an die Fenster der großen gotischen Kathedralen. Der Ver-

Kirche Sankt Gallus in Wilflingen. Das Glasfenster schuf Albert Birkle.

such, das göttliche Licht erfahrbar zu machen, stand am Anfang der gotischen Glasmalerei. Birkle formuliert den ersten Satz des Credo – den Glauben an Gott, den Schöpfer des Himmels und der

Erde – in einem wunderbar dynamischen Bild als Erschaffung des Lichts. Weitere Themen des 1957 gestalteten Zyklus sind das Weihnachts- und das Passionsgeschehen.

Fastnacht >T7

Gosheim

Gosheim liegt auf der Hohen Schwabenalb. Der **Lemberg,** der Gosheimer Hausberg, ist der Höchste im Reigen der »zehn Tausender«. Vom Aussichtsturm des schwäbischen Albvereins genießt man eine überwältigende Fernsicht. Die moderne **Pfarrkirche zum Heiligen Kreuz** in Gosheim, 1961 geweiht, lebt von den farbigen Lichtwänden, die der Künstler Romuald Hengstler der Heilsgeschichte gewidmet hat.

Denkingen

Ihren Platz an der Sonne haben die Denkinger gefunden. Meteorologen vom Deutschen Wetterdienst können exakt belegen, dass nirgendwo in Deutschland die Sonne häufiger scheint als über dem Klippeneck. Traumhafte Voraussetzungen für den Segelflug am Denkinger Hausberg.

Überlebensgroß begrüßt der Erzengel Michael die Gläubigen am mächtigen Eingangsportal von **Sankt Michael.** Die 1933 nach einem Entwurf der Architekten Schilling und Lütkemeier aus Rottenburg erbaute Kirche ist ein Beispiel für den frühen modernen Kirchenbau, den einfache geometrische Formen und zugleich Monumentalität kennzeichnen. Im Inneren blieb die reich nuancierte Farbfassung von August Blepp aus dem Jahr 1938 unverändert erhalten. Besonders eindrücklich ist das große Fresko an der Chorwand mit Szenen aus dem Leben Jesu.

Böttingen

Denkt man an die Schwäbische Alb, hat man Wacholderheiden vor Augen – eine der schönsten ist der **»Alte Berg«** bei Böttingen. Die Bergkuppe mit der kleinen Rundkapelle gilt als Wahrzeichen des Heubergs. Auf der Kalk-Magerweide gedeiht eine bunte Blumenvielfalt, und Schmetterlinge finden einen idealen Lebensraum. Die Wacholderbüsche nennt der Volksmund »Heidemännle«. Sie gehören trotz ihrer Form zu den Bäumen, weshalb der Wacholder 2002 auch zum »Baum des Jahres« gekürt werden konnte. Als Lebensbaum galt er

Der »Alte Berg« bei Böttingen mit seiner kleinen Rundkapelle

einst, weil seine Nadelblätter das ganze Jahr grün bleiben und er gleichzeitig reife blaue und grüne Beeren trägt. Der Name Wacholder ist aus der althochdeutschen Silbe »wachal« abgeleitet, die so viel wie wach, munter, frisch bedeutet.

Von seiner Heilkraft wussten schon die Germanen, für sie war der Wacholder ein heiliger Baum. Seine ätherischen Öle wirken harntreibend und antiseptisch, und die Wacholderbeeren geben Sauerkraut und Wildgerichten ein besonderes Aroma.

Das Heubergdorf Böttingen wurde 802 als »Potingas« erstmals erwähnt. Das **Rathaus** aus dem frühen 19. Jahrhundert, mit Walmdach und zierlichem Türmchen auf dem First, erfüllte gleich mehrere Funktionen. Es war Rathaus, Schule mit Lehrerwohnung und auch noch Ortsgefängnis. Die **Kirche Sankt Martin und Sankt Katharina** wurde in den Jahren 1743 bis 1747 erbaut, das Glasfenster »Wiederkunft Christi« schuf Albert Birkle.

Wallfahrtskirche Aggenhausen

Auf eine lange Geschichte kann die auch heute noch sehr beliebte Wallfahrt zur Kirche Aggenhausen zurückblicken. 1253 wurden Dorf und Kirche erstmals urkundlich erwähnt, 1344 gewährte Papst Clemens VI. für Wallfahrer der Pfarrkirche zu Aggenhausen einen vierzigtägigen Ablass. Doch schon wenige Jahre später musste das Dorf aufgegeben werden, wohl infolge der großen Pestepidemie von 1350/51. Nur die Kirche, nun Filiale von Mahlstetten, und der Kirchhof blieben bestehen. Die Wallfahrt pflegte und förderte die Silvesterbruderschaft, die sich um Vertiefung des Glaubens bemühte. 1750 trug man die alte Kirche wegen Baufälligkeit ab. Man errichtete an ihrer Stelle die **Barockkirche** und weihte sie dem heiligen Silvester und der heiligen Maria. Das Deckengemälde (1783) von Anton Hamma aus Fridingen an der Donau zeigt die Überreichung der Ablassbulle.

Die barocke Wallfahrtskirche Aggenhausen

Themen und Touren

Glatt
T4
T10
Landkreis Rottweil
Neckar
Rottweil
T7
Brigach
T2
Schwenninger Moos
hwarzwald-Baar-Kreis
Landkreis Tuttlingen
Donau
Breg
Neuhausen ob Eck
T6
T3
Brigobannel Hüfingen
Fürstenberg
T5
T9
Blumberg

T1 Die Donau

Flüsse gehören zu den großen Landschaftsbildnern. In langen Zeiträumen haben sie sich eingetieft und weite Wiesentäler, wildromantische Felsentäler oder dramatische Schluchten geschaffen, je nach Untergrund und Gefälle. Sie transportierten dabei riesige Gesteinsmengen und lagerten sie in Form von Schottern und Kiesbänken andernorts wieder ab. In der Region Schwarzwald-Baar-Heuberg begann vor acht Millionen Jahren die Donau das Schichtstufenland zu modellieren.

Diese »Aare-Donau« war ein mächtiger Alpenfluss, der im Sankt-

Beim Kolmenhof, auf Furtwanger Gemarkung, liegt die Bregquelle.

Gotthard-Gebiet entsprang. Ur-Aare und Walliser-Rhone waren ihre wichtigsten Quellflüsse, Alpen-Rhein, Feldberg-Donau, Brigach-und-Breg-Donau sowie Ur-Eschach bildeten große Zuflüsse. Nach und nach verlor die Donau, ausgelöst durch tektonische Hebungs- und Senkungsvorgänge, jedoch große Teile ihres Oberlaufs. Der Rhein zog zunächst auf Umwegen die Aare, dann den Alpenrhein und schließlich, durch die rückschreitende Erosion der Wutach, auch die Feldberg-Donau an sich. Im Norden leistete der Rhein-

Unweit der Bregquelle steht die Martinskapelle.

zufluss Neckar ganze Arbeit und verleibte sich nach der Ur-Lone auch die Ur-Eschach ein. Im Kampf um die Europäische Wasserscheide hatte der Rhein aufgrund seines stärkeren Gefälles die besseren Karten. Seit der letzten Eiszeit bringen »nur noch« die Schwarzwaldzuflüsse Brigach und Breg die Donau zuweg.

Die um weniges längere **Breg** hat ihren **Ursprung** in einer Feuchtwiese beim Gasthaus Kolmenhof in 1078 Metern Höhe am westlichsten Punkt der Europäischen Wasserscheide auf Furtwanger Gemarkung. In unmittelbarer Nähe der gefassten Quelle steht an einer alten Schwarzwald-Pass-Straße die kleine Martinskapelle, deren Fundamente bis in vorkarolingische Zeit zurückreichen. Von der Breg- zur Brigachquelle sind es nur gut zehn Kilometer. Die kräftige **Quelle der Brigach** entspringt unter dem zur Gemeinde Brigach gehörenden Hirzbauernhof und speist einen kleinen Teich, bevor sie, wie die Breg, der Baar zustrebt.

In Donaueschingen werden Reisende auf die berühmte, kunstvoll gefasste **»historische Donauquelle«** im Schlosspark verwiesen, eine Karstaufstoßquelle, deren Wasser in die Brigach fließt. Die offizielle Längenmessung der Donau beginnt beim Zusammenfluss von Brigach und Breg östlich der Stadt. 2780 Kilometer sind es von hier bis zum Leuchtturm von Sulina am Schwarzen Meer – in Europa ist nur die Wolga länger.

Die junge Donau durchquert die offene Wiesenlandschaft der Riedbaar fast übermütig in weiten, schwungvollen Mäandern, bevor sie bei Geisingen die Alb erreicht. Begleitet wird sie vom Donautalradweg, der bis nach Passau führt. Eine Radtour ist mit die schönste Weise, das obere Donautal zu erleben. Der Radweg ist gut ausgeschildert.

An der **Donauversickerung** bei **Immendingen** lässt sich wie in einem geologischen Zeitfenster ein weiteres Kapitel der Donauflussgeschichte »live« erleben. An mittlerweile über 200 Tagen im Jahr kann man trockenen Fußes im Flussbett spazieren gehen, nach Versteinerungen suchen und an den Schluckstellen lauschen, in denen das Donauwasser gluckernd im zerklüfteten und verkarsteten Jura-Untergrund verschwindet. Schuld daran ist die Immendinger Flexur, die hier die Donau quert. Zutage tritt das Wasser im zwölf Kilometer entfernten Aachtopf, der mit einer Schüttung von 8800 Litern pro Sekunde im Jahresdurchschnitt ergiebigsten Quelle Deutschlands. 75 Prozent davon ist Donauwasser.

Die historische Donauquelle in Donaueschingen

An den Härtegraden, die im Aachwasser höher als im Donauwasser liegen, wurde errechnet, dass pro Jahr 11 350 Tonnen Kalk im Untergrund gelöst werden. Die Klüfte werden größer und können immer mehr Wasser schlucken. Für das Jahr 1874 sind Klagen über Wassermangel belegt, 1877 wurden erste Färbeversuche durchgeführt, eine Vollversinkung gab es damals aber noch nicht. In den 1980er-Jahren zählte man durchschnittlich 100 Trockentage, seitdem hat sich

Die Donauversickerung bei Immendingen

ihre Zahl mehr als verdoppelt. Um an den Wasserentnahmestellen bei Ulm einen Mindeststand garantieren zu können, wurde zwischen Immendingen und Möhringen ein Stollen gebaut, der einen Teil des Donauwassers umleitet. Da die Aach zum Einzugsgebiet des Rheins gehört, verliert die Donau an Trockentagen den letzten Teil ihres alten Oberlaufs an ihren Erzrivalen.

Zwischen Immendingen und Mühlheim an der Donau pendelt

Blick vom Knopfmacherfels ins Donautal, im Hintergrund Kloster Beuron

die junge Donau, durch Seitenbäche und Karstquellen wieder gestärkt, in einem breitsohligen Wiesental. Der Verlauf der Aare-Donau lässt sich an Schottern aus dem Sankt-Gotthard-Gebiet verfolgen, die sie hoch über dem heutigen Tal ablagerte, sowie an Umlaufbergen wie dem Tuttlinger **Honberg.** Südöstlich von Kolbingen schnitt die Aare-Donau bei ihrer Eintiefung eine Karsthöhle an. Durch das so entstandene Felsentor führt der Weg zur viel besuchten **Kolbinger**

Höhle mit ihren phantastischen Tropfsteinformationen. Die benachbarte Wulfbachquellhöhle, mit 6,4 Kilometern die längste erforschte Höhle der Schwäbischen Alb, darf nur von geübten Höhlentauchern mit Atemgeräten befahren werden. Die bizarre Felsenlandschaft des Durchbruchtals der Oberen Donau und des unteren Bäratals bei Bärenthal beherbergt noch zahlreiche weitere faszinierende Karsthöhlen.

Ihr Meisterstück schuf die Aare-Donau bei ihrem Durchbruch durch die widerständigen, massigen Felsenkalke, die zwischen Mühlheim an der Donau und Sigmaringen anstehen. Das Durchbruchstal ist das Herzstück des **Naturparks Obere Donau.** Die Straße verlässt schon bei Mühlheim das Tal, kreuzt nur noch einmal bei Fridingen an der Donau, die Eisenbahn nimmt eine Abkürzung durch den Schanztunnel – der schönste Talabschnitt zwischen Fridingen und Beuron bleibt Wanderern und Radfahrern vorbehalten. Die Donau verliert an der **Versickerungsstelle Fridingen** im verkarsteten Untergrund noch einmal Wasser, dann schlängelt sie sich in einem schmalen Wiesenband durch die großartige Felsenszenerie. Wegen seiner wertvollen artenreichen Steppenheideflora steht der imposante Stiegelesfels schon seit 1938 unter Naturschutz. Vis-à-vis überragt der mächtige Bergfried der Ruine Kallenberg die Waldwipfel, das weiße Fräulein soll hier nächtlichen Wanderern den Weg durch dichten Nebel weisen, eine der vielen Sagen, zu denen die Landschaft anregte. Abenteuerlich auf einer Felsnase thront flussabwärts Schloss Bronnen. Einen herrlichen Ausblick über das Tal bieten **Laibfelsen** und **Knopfmacherfelsen,** sie sind von Parkplätzen an der Straße Fridingen–Beuron gut zugänglich.

i

Immendingen

Donauversickerung: Zu erreichen vom Parkplatz am oberen Grillplatz oder vom Parkplatz an der Straße Möhringen–Hattingen. Ein 1,5 Kilometer langer Wanderweg führt rechts der Donau an den Versickerungsstellen vorbei.

Kolbingen

Kolbinger Höhle: Karfreitag bis Ende Oktober, Sa 13–17 Uhr, So und Feiertage 10–17 Uhr. Telefon (0 74 63) 9 70 83.

T2 Der Neckar

Die Flussgeschichte des Neckars könnte man mit gutem Grund auch »rückwärts« schreiben, denn er eroberte sich sein Terrain von Nord nach Süd, entgegen der Fließrichtung. Sein Oberlauf »gehört« ihm erst seit dem Pleistozän, dem Zeitalter der Eiszeiten, als er mit der Ur-Eschach auch deren Nebenflüsse an sich zog – darunter den »Schwenninger Ur-Neckar«.

Im **Schwenninger Moos,** auf der Europäischen Wasserscheide, liegt das Quellgebiet des »jungen« Flusses. Die unter Naturschutz stehende Urlandschaft ist nicht nur Lebensraum hoch spezialisierter Pflanzen

Neckarursprung im Schwenninger Moos

und Tiere, als Wasserspeicher spielen Moore auch eine wichtige Rolle im Hochwasserschutz. Durch Trockenlegung und Torfabbau war das Schwenninger Moos akut gefährdet. Anfang der 1980er-Jahre begann man erfolgreich mit der Wiedervernässung, inzwischen regeneriert sich das Moor allmählich. Entlang des Moorlehrpfads lässt sich die besondere Stimmung der Moorlandschaft unmittelbar erleben. An die Quellensuche Herzog Eberhard Ludwigs von Württemberg im Jahr 1581 erinnert ein Gedenkstein im **Stadtpark Möglingshöhe,** lange galt die dort sprudelnde kleine Quelle als des »Neccers Ursprung«. Anfang des 20. Jahrhunderts wurde der Neckar im Schwenninger Stadtgebiet unter die Erde verbannt, bis zur Landesgartenschau 2010 soll er die Stadt wieder bereichern.

Bis Rottweil formte sich der Neckar im weichen Gips- und Lettenkeuper ein flaches Muldental, lediglich zwischen Dauchingen und Deißlingen, im schönen **»Neckartäle«,** zwang ihn der anstehende Muschelkalk zu den ersten heftigen Talmäandern. Bei Bühlingen mündet dann die Eschach, sie führt dreimal so viel Wasser wie der »Schwenninger« Neckar. Zwischen Neckar und Prim lag die Rottweiler **Saline Wilhelmshall,** die von 1824 bis 1969 Salz förderte. Das Salz entstand vor 200 Millionen Jahren, als große Teile des Landes von einem abflusslosen Binnenmeer bedeckt waren. Im Wüstenklima verdampfte Wasser, Salz kristallisierte aus und lagerte sich am Meeresboden ab. Vielerorts wurden diese Salzvor-

Das Kraftwerk der ehemaligen Pulverfabrik Rottweil wurde von Paul Bonatz erbaut.

kommen später abgelaugt, in einem Band, das von Bad Friedrichshall im Norden am Neckar entlang bis in die Schweiz führt, blieben die Salzlagerstätten jedoch unter einer wasserundurchlässigen Anhydrit-Schicht erhalten. Sie sind 10 bis 25 Meter mächtig und lagern in einer Tiefe von etwa 150 Metern. In der Region Schwarzwald-Baar-Heuberg wurde in Sulz am Neckar, Rottweil, Bad Dürrheim und Schwenningen Salz gefördert. Das **Salinenmuseum »Unteres Bohrhaus«** im Primtal zeigt die Geschichte der Rottweiler Salzgewinnung.

Der Neckar wechselt im Süden Rottweils vom Gipskeuper in den Hauptmuschelkalk. In dieses harte Gestein schnitt er sich tief ein und schuf ein enges, canyonartiges Kastental. »Pulverloch« nennen die Rottweiler den wildromantischen Talgrund am Fuß der Kernstadt, der zugleich einer der ältesten Gewerbestandorte der Region ist. Eine Pulvermühle bestand schon 1564. Anfang des 19. Jahrhunderts wurde die erste **Pulverfabrik** gegründet, die Max Duttenhofer zu einem Großbetrieb von internationaler Bedeutung formte. Später wurden hier Kunstseide und Nylon produziert. Nach der Werksschließung 1994 zogen Firmen und Kunstschaffende in die größtenteils denkmalgeschützten Industriebauten, der Kraftwerksbau von Paul Bonatz wurde spektakulärer Veranstaltungsort.

Bis über Talhausen hinaus bleibt der Neckar in seiner engen Waldschlucht, dann erlaubt der etwas weichere Mittlere Muschelkalk eine moderate Ausdehnung. Die zahlreichen **Umlaufberge** und verlassenen Flussschlingen geben dieser Flusslandschaft ihren besonderen Reiz. Die alten Talmäander waren nach der Eschachanzapfung zu eng geworden und so setzte eine verstärkte Seiten- und Tiefenerosion ein. Die Mäander weiteten sich aus, zwischen den Schlingen bildeten sich Bergsporne. An einigen Stellen wurden die Spornhälse so schmal und flach, dass sie der Neckar durchbrechen konnte. Am eindrucksvollsten ist die Doppelschleife im **Naturschutzgebiet Neckarburg.** Wie ein kraftvoller Erdfluss umgeben Ackerflächen auf dem trockenen Talboden das »Bergle« mit seinen Wacholderheiden, während die **Neckarburg** noch vom Neckar umrundet wird. Die Geschichte der Neckarburg reicht bis ins späte 8. Jahrhundert zurück, zeitweilig gehörte sie den Grafen von Sulz. Die gotische Michaelskapelle war einst Pfarrkirche eines im 15. Jahrhundert abgegangenen Weilers. Die Bergsporne und Umlaufberge des Neckartals waren gera-

Malerisch: die Schlichemklamm bei Epfendorf

dezu ideale Burgplätze und so reiht sich hier Burgruine an Burgruine. Schon eine Flussschlinge weiter thront malerisch die **Burgruine Hohenstein** über dem Neckar. Nordöstlich der Ruine bauten die Grafen von Bissingen 1925, nachdem sie ihr Schloss in Schramberg an die Stadt verkauft hatten, eines der letzten Schlösser in Württemberg.

Die Orte Talhausen und Epfendorf sowie die Stadt Oberndorf am Neckar liegen auf **Kalktuffterrassen.** Dieser Tuff ist ein Phänomen der Karstlandschaft über dem westlichen Neckarufer. Auf der Hochfläche versickert Oberflächenwasser in klüftigem Kalkgestein und reichert sich mit gelöstem Kalk an. An den Talhängen kommt dieses Wasser in Form von Schichtquellen wieder zutage, der Kalk wird ausgefällt, lagert sich ab, überkrustet dabei auch Pflanzen – und mit der Zeit entsteht poröses Kalktuffgestein.

Bei Epfendorf mündet die Schlichem. Einst nur ein kleiner Neckarzufluss, zapfte sie durch rückschreitende Erosion auf der Albhochfläche die Bära an und »klaute« ihr den Oberlauf – ein weiterer Akt im Kampf um die Europäische Wasserscheide. In der von Epfendorf aus zu erreichenden malerischen **Schlichemklamm** mit ihren steil aufragenden Felswänden sprudelt und schäumt das Wasser über terrassenartig geschichtete Steinbänke aus Muschelkalk. Über dem Eingang der Klamm liegt auf einem Umlaufberg der Schlichem die **Burgruine Irslingen** der Herren von Urslingen und späteren Herzöge von Spoleto. »Die Herzöge von Urslingen, die Freiherren von Zimmern und die Herren von der Neckarburg saßen nur eine Meile Wegs voneinander«, bemerkte Graf Froben Christoph von Zimmern in der »Zimmernschen Chronik«.

Von Oberndorf an werden die Hänge des Neckartals etwas sanfter, der Flusslauf gestreckter, der Talboden breiter. Weite Talstrecken um Oberndorf und Sulz sind dicht besiedelt. Der **Boller Fels** bei Aistaig ist mit seinen frei stehenden Felsnadeln eine der schönsten Felsformationen des Neckartals. Bei Neckarhausen nimmt der Neckar die Glatt auf, bevor er die Region Schwarzwald-Baar-Heuberg verlässt.

Wie das Donautal bietet sich auch das Neckartal für Rad- und Wandertouren an. Der gut ausgeschilderte »**Neckartal-Radweg**« beginnt am Bahnhof in Villingen. Da der Weg an einigen Stellen das enge Tal verlässt, sind auch leichte Anstiege zu bewältigen. Ebenso reizvoll ist der vom Schwäbischen Albverein ausgeschilderte »**Neckarweg**«, der auf Schusters Rappen zu begehen ist.

i

Rottweil

Salinenmuseum »Unteres Bohrhaus«, Primtalstraße 19: Mai–September, So 14.30–17 Uhr und nach Vereinbarung, Telefon (07 41) 4 38 22.

T3 Die Römer am oberen Neckar und auf der Baar

Bis ins letzte vorchristliche Jahrzehnt bildeten im Südwesten Oberrhein und Hochrhein die Grenze des römischen Reiches. Den ersten Vorstoß an die Donauquellen unternahm nach einem Bericht Strabons im Jahr 15 v. Chr. Tiberius im Rahmen des Alpenfeldzugs. Der Plan Roms, Germanien bis zur Elbe zu erobern, wurde nach der Niederlage in der Varusschlacht im Jahr 9 n. Chr. jedoch

Das Römerbadmuseum in Hüfingen, dem früheren Brigobanne

endgültig aufgegeben. Stattdessen besann man sich nun auf die Befestigung der Grenzen. In den 30er-Jahren begann Rom, die Donau als unverzichtbare Ost-West-Verkehrsachse zu sichern. Unter Kaiser Claudius (Regierungszeit 41 bis 54 n. Chr.) entstanden zahlreiche Kastelle entlang des Stromes, das westlichste war Brigobanne/Hüfingen an der Furt über die Breg. Um den Anmarschweg von der unteren Donau an den Rhein zu verkürzen, wurde 73/74 n. Chr. eine Verbindungsstraße von Straßburg durch das Kinzigtal an den oberen Neckar und weiter Richtung Donau gebaut und durch Kastelle gesichert. Neues militärisches Zentrum wurde Arae Flaviae/Rottweil. Da der Schwarzwald schwer zu überwinden blieb, zog man in den 80er-Jahren eine neue Verbindungslinie von Mainz durch

Das römische Bad in Wurmlingen war das Privatbad eines Gutshofs.

den Kraichgau an den mittleren Neckar. Das südliche Hinterland wurde durch Siedlungen und Straßen erschlossen.

Das **Kastell** in **Brigobanne/Hüfingen** war zunächst nur ein einfaches, durch Erdwälle geschütztes Lager. Erst unter Vespasian, der zwischen 69 und 79 n. Chr. regierte, wurde das Kastell ausgebaut. 1820 fand man bei Grabungen auf dem Galgenberg südlich der Breg das Kastellbad mit Kalt-, Lau-, Warm- und Ruheraum, eines der ältesten Militärbäder nördlich der Alpen. Fürst Karl Egon II. von Fürstenberg ließ damals umgehend einen Schutzbau errichten, der inzwischen selbst unter Denkmalschutz steht. Die römischen Soldaten hatten das Bad nicht lange genießen können. Durch den Bau der Kinzigtalstraße hatte das Kastell seine militärische Bedeutung verloren, worauf die Soldaten nach Norden zogen. Wie die Grabungen des Jahres 1957 zeigen, entwickelte sich die benachbarte römische Zivilsiedlung dagegen stetig, Handwerk und Handel blühten. Man fand unter anderem Bauurkunden und keltisch-römische Münzen. Ein besonderes Funddetail sind Entenknochen. Wie Haustauben und Katzen wurden Enten hierzulande erst durch die Römer heimisch.

Das **römische Bad** in **Wurmlingen** ist kleiner als das in Hüfingen, kein Wunder, es war kein Kastellbad für eine Soldaten-Kohorte, sondern Privatbad eines Gutshofs. Zwischen 220 und 240 fiel das Wohnhaus einer Brandkatastrophe zum Opfer. Bei Grabungen in den Jahren 1993 bis 1995 entdeckte man im Badgebäude Pfostenspuren, die den Einbau eines Gebäudes in alamannischer Zeit belegen, das eventuell zur Vorratshaltung diente. Funde wie Glasperlen, Gewandnadeln und Scherben germanischer Gefäße zeigen, dass die »Neuen« von jenseits des Limes kamen, vielleicht schon in den Jahren 260/270. Man entdeckte Verhüttungsspuren, einen kleinen Ofen, Eisenschlacken – die Alamannen durchsuchten den römischen Schrott offensichtlich nach Altmetall. Über den Resten des Römerbads wurde ein Schutzhaus errichtet. Informationstexte und Modelle erläutern die Anlage.

Wo die Römerstraße Straßburg–Rätien den Neckar querte, entstand zwischen Neckar und Prim aus einer Militärsiedlung **Arae Flaviae/Rottweil,** die einzige bekannte Stadt mit römischem Bürgerrecht im Bereich des heutigen Baden-Württemberg. Die antike Stadt mit Forum, Basilika, Tempelbezirk, Werkstätten und vornehmen Villen liegt weitgehend unter moderner Bebauung. Pralles römisches Leben erschließt sich jedoch in der römischen Abteilung des **Dominikanermuseums** durch Gebrauchskeramik, Münzen, Schmuck, Kosmetikgegenstände, ein funktionstüchtiges Wasserbecken (Labrum), medizinische Instrumente und – Gussförmchen zur Falschgeldproduktion. Prunkstücke sind das Orpheusmosaik, geschaffen aus der bunten Palette einheimischer Gesteine, und natürlich das Schreibtäfelchen von 186, das Arae Flaviae als municipium ausweist. Der Stadtname bedeutet »flavische Altäre«, ein Hinweis auf den Kaiserkult in der Garnisonsstadt. Vermutlich unter Kaiser Trajan (Regierungszeit 98–117 n. Chr.) wurde das **Römerbad** errichtet, auf das man bei der Erweiterung des Stadtfriedhofs stieß, eine der bedeutendsten Anlagen in Baden-Württemberg. Die Ruinen sind frei zugänglich.

Plan des Römerbads in Arae Flaviae/Rottweil

A und B: Auskleideraum/apodyterium
C: Kaltwasserbad/frigidarium
D: Badebecken/piscina
E1: Warmwasserbad/caldarium
E2: Warmluftraum/tepidarium
F: Großer Heizraum/praefurnium
G: Kleiner Heizraum/praefurnium
H: Kleiner Heizraum/praefurnium
I: Schwitzbad/sudatorium/laconicum
K: Nebenraum

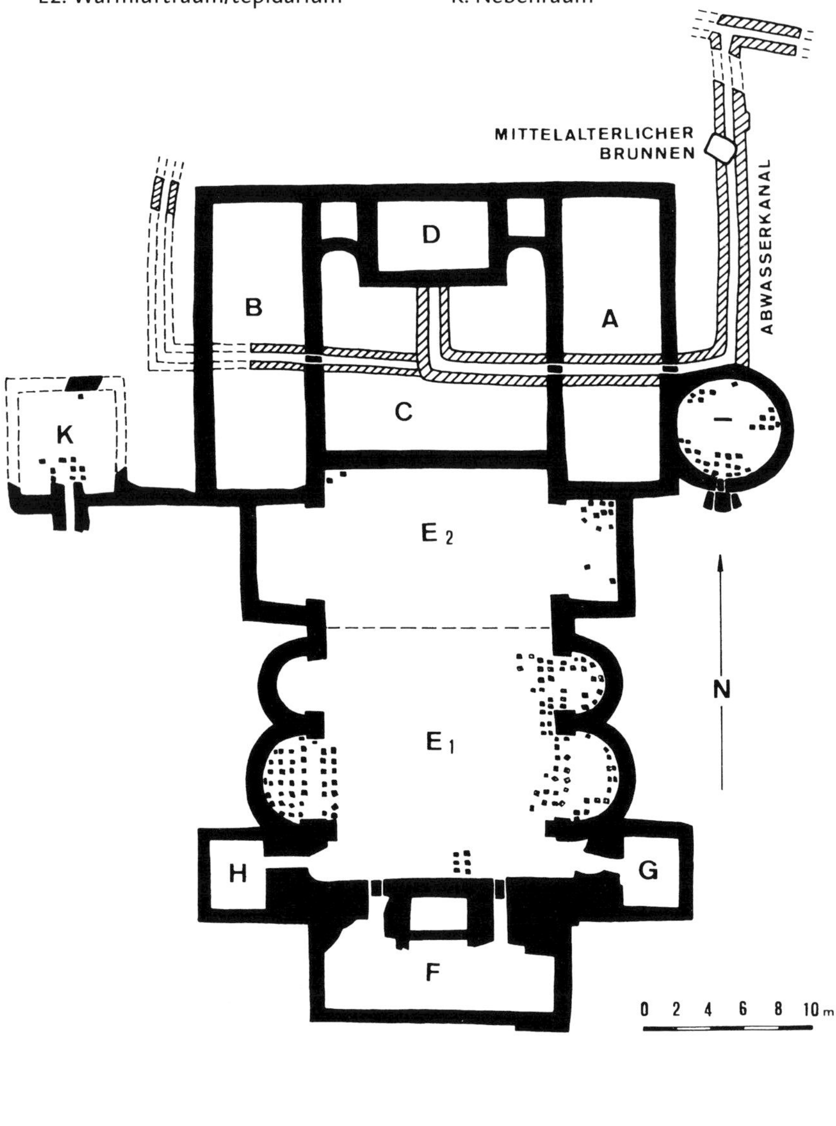

Fischbach-Sinkingen: Zur villa rustica gehörte ein luxuriöses Bad.

In phantastischer Aussichtslage auf einem Höhenrücken zwischen Fischbach- und Teufental unweit Niedereschach liegt die villa rustica des Lucius Marius Victor, ein landwirtschaftlicher Betrieb, in dem Ackerbau und Viehzucht betrieben wurde. Sicher ein guter Lieferant für das nahe Arae Flaviae. Freigelegt wurden die Grundmauern von Wohnhaus, Getreidespeicher und einem Werkstatthof. Eine luxuriös gebaute Therme mit Latrine fand man am südlichen Hang. Zu erreichen ist die römische Anlage über einen reizvollen Höhenweg von **Fischbach-Sinkingen** aus, im Römerzimmer des Heimatmuseums Fischbach sind die Ergebnisse der Grabungen von 1992 dokumentiert.

In Abständen einer Tagesstrecke von 25 Meilen (37 Kilometer) fand sich an römischen Straßen gewöhnlich eine »statio«, die Reisenden Unterkunft und Verpflegung bot, vor allem aber frische Pferde – und eventuell einen Handwerker, der den Wagen reparierte. Folgt man in Rötenberg der Brandsteigstraße nach Westen, erreicht man nach etwa zwei Kilometern beim Weiler **Brandsteig** die Hangkante des Kinzigtals. Hier verlief die römische Kinzigtalstraße, die von Straßburg über Waldmössingen und Rottweil

Brandsteig: Nachbildung eines Weihesteins auf dem Areal der römischen Straßenstation; der Stein war der Göttin Abnoba geweiht.

zur Donau führte. Wie wichtig die Straßenstation an dieser Stelle war, lässt sich ermessen, wenn man dem schmalen Sträßchen traut und in engen Kehren nach Schenkenzell hinunterfährt. Nahe der Straße bei dem Hof Brandsteig steht die Nachbildung eines Weihesteins, den der Legionszenturio Quintus Antonius Silo zwischen 89 und 96 n. Chr. der Göttin Abnoba weihte, der keltischen Schutzgöttin des Schwarzwaldes, sowie die Nachbildung einer Merkur-Statue.

Das **Kastell Waldmössingen** liegt in Spornlage über dem Heimbachtal, auf halber Strecke zwischen Kinzig und Neckar, und diente der Sicherung der Kinzigtalstraße. Das Lager bot Platz für eine Kohorte (480 Mann). Eine trajanische Münze von 117 n. Chr. belegt, dass das Kastell zu dieser Zeit noch besetzt war. Als dann die Grenze nach Norden verschoben wurde, verloren die südlichen Kastelle ihre Bedeutung und aus den scharf bewachten Militärstraßen wurden einfache Landstraßen, auf denen in erster Linie Handelsreisende und Kuriere unterwegs waren. Ein Eilkurier schaffte an einem Tag bis zu 200 Kilometer. Bei Grabungen 1975 legte man die Südwestecke des Steinturmes frei, in den Jahren 1976 bis 1981 wurde er rekonstruiert. Die Dauerausstellung »Römische

Der rekonstruierte Kastellturm in Waldmössingen

Funde im Kastell« informiert über die Bedeutung Waldmössingens in der Römerzeit, ausgestellt sind Funde aus Waldmössingen, vom Brandsteig und aus der Umgebung.

Die Skulptur »Fallende Mauer« des Künstlers Johannes Pfeiffer im Kreisverkehr bei Bochingen unweit der alten Römerstraße verweist auf einen Glücksfall der Archäologie. Bei den Ausgrabungen einer villa rustica östlich von **Bochingen** ent-

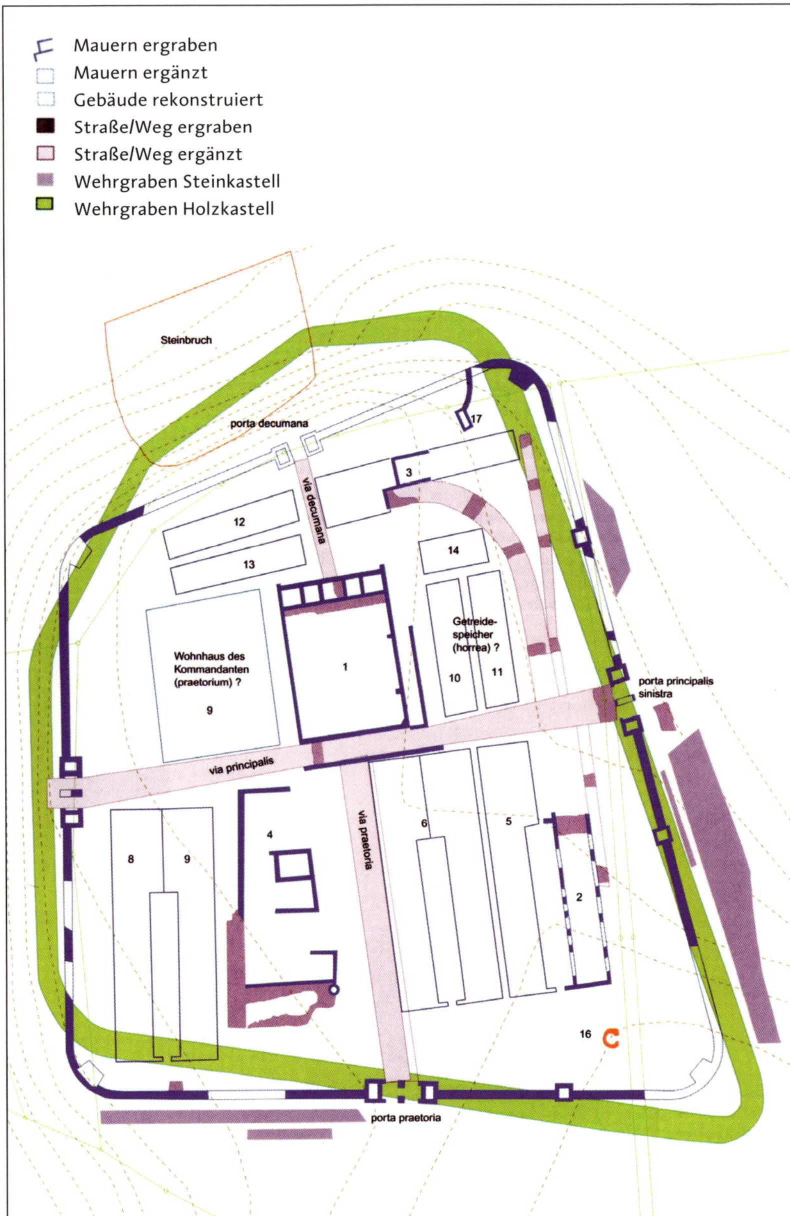

Plan des römischen Kastells Waldmössingen

deckte man 1993 umgestürzte Mauerzüge zweier Nebengebäude. Sie lagen um 90 Grad nach außen umgeklappt im Boden und erlauben nun, die dritte Dimension der Bauwerke zu rekonstruieren.

Bereits im 19. Jahrhundert konnte in **Sulz am Neckar** ein Kohortenkastell aus dem 1. Jahrhundert nachgewiesen werden. Bei der Erschließung des Baugebietes Sulz-Kastell 1967–1972 wurde ein römischer Keller freigelegt, der zu einem großen »vicus« nahe dem Kastell gehörte. In dem beheizbaren und bemalten Keller fand man ein Merkur-Relief, ein Relief mit der Pferdegöttin Epona und eine Merkur-Statue, der die keltische Göttin Rosmerta an die Seite gestellt ist, Ausdruck der Gleichberechtigung einheimischer und römischer Götter. Das **Museum Römerkeller** präsentiert Duplikate der Götterbilder, Spielsteine, Schreibgeräte, Gegenstände aus Glas und Ton. Gegenüber dem Keller befindet sich ein römischer Brunnen.

i

Fischbach

Heimatmuseum, Sinkinger Straße 2: Erster Sonntag im Monat 14.30–16.30 Uhr. Führungen nach Vereinbarung, Telefon (0 77 25) 14 35.

Hüfingen

Römerbad, Schosenweg: Mai–Oktober, So und Feiertage 14–17 Uhr, in den Sommerschulferien (BW) täglich 14–17 Uhr, Telefon (07 71) 60 09 24.

Rottweil

Dominikanermuseum, Am Kriegsdamm 4: Di–So 14–17 Uhr, wochenfeiertags geschlossen. Führungen nach Vereinbarung, Telefon (07 41) 49 43 30.

Sulz am Neckar

Museum Römerkeller, Plettenbergstraße 2: Mai–Okober, erster und letzter So im Monat 10–12 Uhr, Telefon (0 74 54) 9 65 00.

Waldmössingen

Ausstellung »Römische Funde im Kastell«, Weiherwasenstraße 44/1: Mitte April–Oktober, So 13.30 bis 17.30 Uhr. Führungen nach Vereinbarung, Telefon (0 74 02) 2 13.

Wurmlingen

Schutzhaus Römisches Bad: Mai–September, So 14–16 Uhr und nach Vereinbarung, Telefon (0 74 61) 9 27 60.

Weitere Informationen: www.roemerstrasse-neckar-alb.de

T4 Burg – Festung – Schloss

Als Symbole mittelalterlich-adeliger Lebensweise üben Burgen bis heute eine große Anziehungskraft aus. Sie waren Wehr- und Wohnbauten, Herrschaftszentren und weithin sichtbare Zeichen der Macht. Einfache Burgen bestanden aus Wohnturm und Umfassungsmauer, komplexere Anlagen verfügten über Mauern, Gräben und Vorburg, Bergfried oder Schildmauer, Palas und Wirtschaftsgebäude. Ihr Bau, oft in exponierter Sporn- oder Gipfellage, war eine technische Herausforderung, gefahrvoll und kostspielig. Bequem darf man sich das Leben selbst in

größeren Burgen nicht vorstellen. Mit dem Wandel der Waffentechnik an der Wende zur Neuzeit übernahmen reine Festungsbauten die Verteidigungsfunktion, adeliges Leben vollzog sich nun in komfortableren Schlössern. Viele Burgen verfielen oder dienten als Steinbrüche, einige wurden zu Schlössern oder Festungen umgebaut.

So geht eines der ältesten Renaissanceschlösser des Landes, **Schloss Glatt,** auf eine Wasserburg aus dem 13. Jahrhundert zurück. Reinhard von Neuneck, kaiserlicher Rat Karls V., baute die Burg zwischen 1533 und 1539/1547 zu einem repräsentativen Adelssitz aus. Entstanden ist eine dreiflügelige Anlage mit runden Ecktürmen, die im Norden durch eine wehrhafte Mauer und den Torbau geschlossen ist, auf der Südseite ragt der Chor der Schlosskapelle in den Graben hinaus. Die schon zu seinen Lebzeiten gemeißelte Grabplatte in der Glatter Ortskirche zeigt wohl ein lebensechtes Porträt des bedeutenden Bauherrn. In der Barockzeit wurden die Schlossgebäude aufgestockt und im Innern prächtig ausgestaltet, die Herrschaft gelangte über Umwege an die Abtei Muri im Aargau. Im Schlossmuseum wird die Geschichte von Schloss und Herrschaft Glatt erläutert, im Adelsmuseum erfährt der Besucher auf lebendige Weise, wie der ritterschaftliche Adel am oberen Neckar einst lebte.

Leinstetten: Burgruine Lichtenfels, links die mächtige Schildmauer

Burg Lichtenfels über Leinstetten besitzt eine wehrtechnisch besonders interessante Schildmauer. Die Burg wurde vermutlich zur Sicherung des Heerweges am Kreuzpunkt Ulm–Kinzigtal/Pforzheim–Rottweil von den Grafen von Hohenberg in den Jahren 1250 bis 1275 erbaut. 20 Jahre später war sie schon ein Trümmerhaufen. Beim Wiederaufbau zwischen 1300 und 1350 rüstete man die Schildmauer, im Mittelalter »hoher Mantel« genannt, mit zwei Schießkammern und Senkscharten aus. Die durch einen Wehrgang verbundenen Schießkammern sind auf halber Höhe in die gut drei Meter starke Mauer eingefügt und boten Armbrustschützen die nötige Bewegungsfreiheit. Durch die langgezogenen, als »Senkscharten« ausgeführten Schießscharten konnte auch der sonst tote Winkel direkt vor der Burgmauer geschützt werden.

Als schönste Burgruine im oberen Neckartal gilt **Albeck** bei Sulz am Neckar. Die einstige Stammburg der Grafen von Sulz gelangte im 13. Jahrhundert auf dem Erbweg an die Herren von Geroldseck, die sie zu der imposanten Anlage ausbauten. Schon von weitem ist der Palas mit den prachtvollen gotischen Fensterarkaden aus dem späten 13. Jahrhundert zu erkennen. Auch wenn nur noch seine Außenmauern stehen, kann man hier mit etwas Phantasie stauferzeitlicher Wohnkultur nachspüren. Im Erdgeschoss war vermutlich die Dürnitz untergebracht, der beheizbare Aufenthaltsraum der Burgbesatzung. Im ersten Obergeschoss lag die zugleich wohnliche und repräsentative Hofstube. Ein großer, in die Wand eingelassener Kamin spendete Wärme, die Fensternischen waren mit Sitzbänken ausgestattet, die Fenster verglast, die Wände mit Holz vertäfert. Das zweite, in Fachwerk erbaute Obergeschoss mit den privaten Räumen, das auf einer Zeichnung Hans Baldung Griens zu sehen ist, blieb nicht erhalten.

Die Burgruine Herrenzimmern

Die **Burg Herrenzimmern,** östlich des gleichnamigen Dorfes auf einem schmalen Bergsporn gelegen, war Stammsitz der Herren von Zimmern. Sie gehört zum Typus der Wohnturmburgen, besaß also weder einen separaten Bergfried noch eine Schildmauer, war jedoch durch Halsgraben, doppelten Mauerring und Vorburg gesichert. Auf dem vierstöckigen Steinhaus saß ähnlich wie in Albeck einst ein »hölzernes Haus« auf. Graf Froben Christoph von Zimmern verfasste hier und auf Burg Wildenstein im Donautal die berühmte »Zimmernsche Chronik«, in ihrer Erzählfreude ein wichtiges Dokument ihrer Zeit, schon sein Onkel Wilhelm Werner hatte eine umfangreiche Bibliothek zusammengetragen. Noch im 19. Jahrhundert war die Burg bewohnbar und in der Burgkapelle konnte man Teile des Rippengewölbes und Reste gotischer Wandmalereien sehen.

Zu einem ausgesprochen malerischen Motiv verbinden sich Schwarzwaldhof und **Burgruine Waldau.** Von der Aussichtsplattform des Bergfrieds reicht der Blick weit über das reizvolle Glasbachtal. Der 25 Meter hohe Turm mit seinem in Teilen noch erhaltenen Zinnenkranz ist mit sorgfältig bearbeiteten Buckelquadern verkleidet, den ursprünglichen rundbogigen Eingang in gut drei Metern Höhe konnte man nur mit Leitern erreichen. Eine kräftige Mauer umschließt den an drei Seiten frei stehenden Bergfried und bildet so an der Hauptangriffsseite einen Vorhof, die Wohngebäude befanden sich im inneren Hof.

Die Buckelquadertechnik kam etwa ab 1170/80 als Neuerung über die Alpen. Der Bau mit Buckelquadern war wesentlich teurer als mit Bruchsteinen, man musste hoch qualifizierte Steinmetzen beschäftigen. Manch ein Bauherr stürzte sich in gefährliche Schulden. Doch wer sich die neue Technik leisten konnte, gewann an Ansehen. Zudem galten Buckelquadermauern lange Zeit als uneinnehmbar. Um die schweren Blöcke bewegen zu können, arbeitete man zunächst mit Seilwinden, ab Ende des 12. Jahrhunderts mit Tretradkranen, spezielle Hebezangen kamen um etwa 1220 in Gebrauch. Die Buckelquader im unteren Teil des Waldauer Bergfrieds weisen noch keine Zangenlöcher auf, ein wichtiger Hinweis auf den Baubeginn noch unter der Herrschaft der Zähringer. Ausgebaut wurde die Burg dann von den Grafen von Urach-Fürstenberg als wichtiger Stützpunkt zwischen ihren Besitzungen im Kinzigtal und auf der Baar.

In der Region sind neben Burg Waldau mit den Türmen der **Burg Konzenberg** bei Tuttlingen, der **Burg Kallenberg** im Donautal und der **Burg Schilteck** bei Schramberg einige besonders eindrucksvolle Buckelquader-Bergfriede erhalten.

Zu den spätesten und größten Burgenbauten Südwestdeutschlands zählt **Hohenschramberg.** Bauherr war der als Haudegen berüchtigte Hans von Rechberg, der den Bau (1457–1459) mit Entschädigungsgeld aus seiner Fehde mit den Reichsstädten finanzierte. Unter seinen Nachfolgern wurde die Burg zu einer mächtigen Festung ausgebaut. Selbst die Ruinen sind noch beeindruckend. Vier Meter stark ist das Bruchstein-Schichtmauerwerk des vorderen Turms, die als Schildmauer ausgeführte Angriffseite des Palas hat eine Stärke von fast sieben Metern, die Ecken sind mit Buckelquadern verstärkt.

Als ersten württembergischen Festungsbau ließ Graf Eberhard im Bart um 1460/70 die **Burg Honberg über Tuttlingen** erbauen, sie war also nie Adelssitz. In Zeiten des Friedens waren auf dem Honberg kaum mehr als 15 Leute anzutreffen, die hier ihren Dienst taten. 1499 aber wimmelte es rund um die Burg von Rittern und Landsknechten. Der Schweizerkrieg war ausgebrochen, der Honberg war Sammelpunkt der württembergischen Truppen. 1521 erwarb Herzog Ulrich die

Gut zu erkennen ist die fast sieben Meter dicke Schildmauer des Palas der Burgruine Hohenschramberg, erbaut um 1457 bis 1459.

Die Festung Honberg über Tuttlingen enstand um 1460/70.

Feste Hohentwiel, der Honberg verlor an Bedeutung. Im Dreißigjährigen Krieg wurde die Festung Honberg von den verschiedenen Kriegsparteien immer wieder als Stützpunkt und Unterschlupf genutzt. 1645 zerstörte der württembergische Kommandant vom Hohentwiel, Konrad Widerholt, die Wehranlage. Ende des 19. Jahrhunderts machte sich der Verschönerungsverein Tuttlingen daran, die Burg zu restaurieren. Die heute romantisch wirkende Anlage mit den wiederaufgebauten Türmen bietet dem Besucher geruhsame Spaziergänge mit herrlicher Aussicht auf die Stadt Tuttlingen. Alljährlich im Juli findet in den alten Gemäuern der Festungsruine das Kultur- und Musikfestival »Honberg-Sommer« statt.

i

Glatt

KMZ Schloss Glatt: April–Oktober, Di–Fr 14–17 Uhr, Sa, So und Feiertage 11–18 Uhr. November–März, Sa, So und Feiertage 14–17 Uhr. Führungen nach Vereinbarung, Telefon (0 74 82) 80 77 14 und (0 74 82) 73 45.

T5

Das Haus Fürstenberg

In der Region Schwarzwald-Baar-Heuberg stößt man allenthalben auf fürstenbergische Geschichte. Die Baar und der östliche Schwarzwald bis hinauf ins Kinzigtal bilden die fürstenbergischen Kernlande. Im Verlauf des Mittelalters wurde dieses Gebiet arrondiert, in der frühen Neuzeit kamen südlich der Baar und im nördlichen Bodenseegebiet durch Heirat große Herrschaften wie Heiligenberg, Meßkirch und die Landgrafschaft Stühlingen dazu. Doch die Bedeutung des Hauses Fürstenberg reicht weit darüber hinaus. Grafen und Fürsten zu Fürstenberg bekleideten

Das Fürstlich Fürstenbergische Schloss in Donaueschingen

hohe Ämter in der Reichsverwaltung, im Heeresdienst und am kaiserlichen Hof in Prag und Wien, Besitzungen in Böhmen und Österreich kamen hinzu. 1664 wurde die Heiligenberger Linie, 1716 das ganze Haus in den erblichen Reichsfürstenstand erhoben. Joseph Wilhelm Ernst Fürst zu Fürstenberg vereinte nach dem Aussterben der Heiligenberger (1716) und der Meßkircher Linie (1744) alle Besitzungen in einer Hand und wählte Donaueschingen als Residenz für das Fürstentum Fürstenberg (vgl. auch Route 6). 1804 übernahm Karl Egon II. aus der böhmischen Linie das reichsfürstliche Erbe, 1806 wurde das Fürstentum mediatisiert und zum Großteil dem Großherzogtum Baden eingegliedert.

Ahnherren des Hauses Fürstenberg waren die Grafen von Urach, Egino IV. wurde durch seine Heirat mit Agnes von Zähringen 1218 Erbe des Zähringer Besitzes. Sein

Die Fürstlich Fürstenbergische Gruftkirche in Neudingen

Enkel nannte sich als erster um 1250 nach dem **Fürstenberg,** dem »fürdersten« Berg des Höhenzuges Länge: Heinrich I. von Fürstenberg, Landgraf in der Baar. Er baute die Zähringer Burg aus und gründete um 1280 das Städtchen Fürstenberg auf dem Plateau des Berges. 1283 belehnte ihn König Rudolf von Habsburg mit der Landgrafschaft in der Baar, die später als Hauserblehen anerkannt wurde. Das Burgstädtchen Fürstenberg brannte 1841 völlig ab, unterhalb des Berges entstand der neue Ort. Das Haus Fürstenberg errichtete an Stelle der Burg eine Kapelle zum Gedächtnis an den Kurienkardinal Augustin Bea (1881–1968), der am II. Vatikanischen Konzil teilnahm und im nahen Riedböhringen geboren wurde. In der Senke zwischen Fürstenberg und der Länge erinnert die **Schächer-Kapelle** an die einstige Gerichtsstätte. Gleich hinter dem Ortsschild von Fürstenberg zum Gewann »Schächer« steht die erste Informationstafel des Geologischen Lehrpfads am Fürstenberg.

Der Wartenberg, der nördlichste Hegau-Vulkan

Die **Gruftkirche Maria auf Hof** in **Neudingen,** ein Kuppelbau im Neorenaissancestil, erhebt sich über historischem Boden, in karolingischer Zeit stand auf dem Hügel vermutlich der 950 letztmals genannte Königshof. 1274 erteilte Bischof Rudolf von Konstanz einer Schwesterngemeinschaft die Erlaubnis, bei der Kapelle »Auf Hof« ein Wohnhaus mit Oratorium zu errichten, Graf Heinrich I. von Fürstenberg stimmte der Schenkung als Patronatsherr zu. Das Dominikanerinnenkloster Maria auf Hof wurde als Hauskloster der Grafen von Fürstenberg zugleich ihre Grablege. Als erster seines Geschlechts fand 1337 Graf Heinrich II. hier seine letzte Ruhe. Seine Schwester Martha stand dem Kloster nach 1341 als Priorin vor. Als Graf Albrecht von Fürstenberg 1599 in Prag starb, wurde er nach Neudingen überführt. 1561 zogen Zisterzienserinnen ein, 1802 wurde das Kloster aufgehoben, 1852 brannte die Klosterkirche ab. Auf ihren Grundmauern ließ Fürst Carl Egon III. von Fürstenberg in den Jahren 1853 bis

Die Alte Gerbe in Geisingen nahm 1770 ihren Betrieb auf.

1856 die Gruftkirche als neue Grablege der Familie durch Baudirektor Theodor Diebold erbauen.

Am anderen Ufer der Donau, in Sichtweite zum Fürstenberg, erhebt sich der **Wartenberg,** der nördlichste der vulkanischen Hegauberge. Mächtige Basaltschuttablagerungen finden sich am Südost- und Ostabhang. Der Berg war Sitz der Herren von Wartenberg, 1318 kam das Wartenberger Erbe durch Heirat an Fürstenberg, 1459 baute Graf Heinrich VI. von Fürstenberg die Burg auf dem Gipfel des Wartenbergs als neuen Amts- und Wohnsitz. Diese Burganlage wurde 1780 abgetragen. Heute steht am gleichen Ort, inmitten eines Englischen Gartens, das Lustschlösschen, das sich Baron Leopold von Lassolaye bauen ließ, dem Fürst Joseph Wenzel zu Fürstenberg Burg und Meierei verliehen hatte. Das Schloss ist nicht zugänglich, doch die Eremitage »Kapuziner«, die der Schwarzwaldverein in den Jahren 1982 bis 1985 wieder hergerichtet hat, ist ein beliebtes Ausflugsziel.

Zum Wartenberger Erbe gehörte auch **Geisingen.** Ihre Blütezeit erlebte die Stadt im 16. Jahrhundert, als der Geisinger Markt mit seinem weiten Einzugsgebiet florierte. Die

Grafen von Fürstenberg errichteten eine Münzstätte, bauten das Schloss und wählten die Stadt zeitweise als Residenz und von 1542 bis 1570 als Sitz ihrer obersten Verwaltung. Das Schloss brannte 1849 ab, an herrschaftliche Zeiten erinnern neben Resten der Stadtbefestigung das Mühltörle als einziges Zeugnis der frühen Stadttore, die Zehntscheuer, im 18. Jahrhundert erbaut, die Alte Gerbe, die 1770 ihren Betrieb aufnahm, das Fürstlich Fürstenbergische Rentamt, in dem die fürstlichen Güter verwaltet wurden und schließlich die alte Poststation im Gasthof »Bären«. 1806 verließen die fürstenbergischen Beamten die Stadt, Geisingen war badisch geworden.

Der Luftkurort **Möhringen** wirkt heute noch wie ein mittelalterliches Städtchen, 1520 kam der Ort von den Klingenbergern an das Haus Fürstenberg. Im Schloss residierte der fürstenbergische Obervogt. Das mächtige, mehrstöckige Gebäude ist eines der ältesten der Stadt, 1308 bereits als »hus« genannt, wurde es seit 1511 als »Schloss« bezeichnet. Im 17. Jahrhundert baute man es dann zum Jagdschloss um, später war es Großherzoglich-Badisch-Fürstlich-Fürstenbergisches Bezirksamt und schließlich Rathaus. Heute dient das historische Gebäude als Sitz der Ortschaftsverwaltung. Über dem Portal prangt das fürstenbergische Wappen. Nichts zu lachen hatten Delinquenten, die in die Drille (eine Art Pranger) links des Eingangs gestellt wurden, sie mussten als Strafe für ihre Vergehen die Schmähungen der Vorbeigehenden ertragen. Im Obergeschoss des Schlosses befindet sich seit 1997 ein Museum zur Stadtgeschichte, eine gute Gelegenheit, das barocke Innenleben des Hauses mit Treppenaufgang, Vertäfelungen und Stuckdecken zu besichtigen.

Am Hechtplatz erinnert der Brunnen der »Möhrin« an Kaiser Friedrich III., der 1470 der Stadt in einer Urkunde (im Museum zu sehen) das redende Wappen verlieh, das vom Ortsnamen abgeleitet, einen weiblichen Mohr zeigt. Die katholische Pfarrkirche Sankt Andreas erhielt ihre heutige Ausstattung im Wesentlichen um 1900, die Jahreszahl 1597 am Chorbogen verweist auf die Erbauungszeit. Beachtenswert ist der wappengeschmückte Renaissance-Taufstein von 1626. Das mächtige Fachwerkhaus Mittlere Gasse 8 wurde vermutlich um 1650 erbaut, ihm gegenüber steht das Staffelgiebelhaus des Ratschreibers Bertsche von 1840. In Möhringen wurde Franz Joseph Zoll (1770–1833) geboren. Er war Großherzoglich-Badischer Hofma-

Möhringen mit dem ehemals fürstenbergischen Schloss

ler und seit 1821 Direktor der staatlichen Gemäldesammlung in Mannheim. Eines seiner Gemälde ist in der Möhringer Kirche zu sehen, Werke des Vaters Conrad Zoll findet man im Museum im Rathaus.

In **Ippingen** steht noch der »Ippinger Riese«, die alte fürstenbergische Zehntscheuer mit Staffelgiebel, Schindeldach und rundbogigem Scheunentor, in die bis ins 19. Jahrhundert die Bauern der Herrschaft Fürstenberg den Großzehnt, das heißt: jede zehnte Garbe ihrer Getreideernte, einbringen mussten.

Im Bachzimmerer Tal nördlich von Immendingen, das die Grafen von Fürstenberg schon 1527 von den Almshofen erworben hatten, errichteten die Fürsten von Fürstenberg 1784 durch Baudirektor Valentin Lehmann ein Jagdschloss und legten einen fast 2000 Hektar großen Wildpark an. **Schloss Bachzimmern,** ein respektabler Rechteckbau mit Mittelrisalit und Mansardendach, diente den Fürstenbergern in späteren Jahren als Forstamt, heute ist es in Privatbesitz und nicht zugänglich.

Die beliebteste Jagdform des 18. Jahrhunderts war die Einstelljagd. Das Wild wurde über mehrere Tage von einem ganzen Heer von Treibern zusammengetrieben, mit weißen Tüchern umzäunt, »eingestellt«, und konnte dann von der Jagdgesellschaft, meist im Rahmen glanzvoller Feste, variantenreich erlegt werden.

Im **Naturschutzgebiet Unterhölzer Wald** zwischen Geisingen und Pfohren mit seinen 300 bis 600 Jahre alten Eichen- und Buchenbeständen liegt ein weiteres fürstenbergisches **Jagdschlösschen,** das dazugehörige Wildgehege mit Rot-, Dam- und Rehwild wurde 1918 aufgelöst. Hier war Kaiser Wilhelm II. fürstenbergischer Jagdgast. Auf den Königswiesen – einer Waldlichtung in Richtung Wartenberg – hielt man große Rast.

Eine der frühesten eigens zur Jagd erbauten Burgen ist die sogenannte **Entenburg** in **Pfohren,** ein zweistöckiger Rechteckbau aus dem Jahr 1471 mit Rundtürmen an den Ecken, die ursprünglich das Dach überragten. Bauherr war Graf Heinrich VI. von Fürstenberg (1419–1490). 1507, wohl im Zusammenhang mit dem Konstanzer Reichstag, weilte König Maximilian I. als Gast Graf Wolfgangs von Fürstenberg in Pfohren, um der Entenjagd zu frönen. Das Gelände rings um die Burg wurde geflutet, die vornehme Jagdgesellschaft ging trockenen Fußes in der Burg an den Fenstern auf die Pirsch. Ab 1568 nutzte man die Entenburg als Zehntscheuer, 1987 wurde sie mustergültig restauriert (Privatbesitz).

i

Geisingen

Museum »Alte Gerbe«, Donaustraße 7: Öffnungszeiten und Führungen nach Vereinbarung, Telefon (0 77 04) 80 70.

Möhringen

Museum im Rathaus, Hermann-Leiber-Straße 4: Mo–Fr 8–11 Uhr, Mo–Do 14–16 Uhr, Telefon (0 74 62) 9 48 20.

T6 Bäuerliche Kultur

Durch die einsetzende Technisierung im 20. Jahrhundert veränderte sich die Arbeit in der Landwirtschaft und mit ihr die bäuerliche Kultur. Die Dörfer erhielten ein modernes Gesicht, viele alte Bauernhäuser wurden umgebaut oder verschwanden ganz. So ist es den Bauern- und Freilichtmuseen zu danken, dass typische Häuser mit ihrer Einrichtung samt Nebengebäuden, Mühlen und Sägen der Nachwelt erhalten werden und so ein lebendiger Eindruck vom traditionellen Dorfleben voriger Jahrhunderte vermittelt wird.

Das Albdorf im Freilichtmuseum Neuhausen ob Eck

Im **Freilichtmuseum Neuhausen ob Eck** sind über zwanzig Häuser aus den Landschaften Schwäbische Alb, Bodensee, Schwarzwald und Gäu versammelt. Besonderer Stolz des Museums ist das Albdörfle mit der kleinen evangelischen Dorfkirche, Schul- und Rathaus, Bauern- und Taglöhnerhaus, Dorfschmiede und Hafnerwerkstatt sowie der Hüle, einem kleinen Teich. Neben grunzenden Schweinen, die regelmäßig auf die Weide getrieben werden, gibt es Ziegen, Kühe, Federvieh und ein Bienenhaus. Hier kann man das Dorf früherer Zeiten noch sehen, erleben und riechen: Es duftet herrlich nach Heu, Blumen und – Mist. Einen zweiten Schwerpunkt bildet das eindrucksvolle Schwarzwald-Ensemble. Zur Hofgruppe um den Schonacher Haldenhof gehören Kornspeicher, Backhaus und eine Hausmühle. Ergänzt wird die typische Hofanlage durch die Hochgangsäge vom Behlishof in Unterkirnach. Mühle und Säge, von Wasserrädern angetrieben, sind täglich im Einsatz. Das Museum bietet den Besuchern Geschichte zum Anfassen und ermöglicht es, den Alltag vergangener Jahrhunderte nachzuerleben. Ein vielfältiges Veranstaltungsangebot mit handwerklichen und landwirtschaftlichen Vorführungen und Wechselausstellungen, Vorträgen und schulpädagogischen Projekten trägt zur Attraktivität des Museums bei.

Nahezu unverfälscht ist das Dorfensemble in **Eßlingen** erhalten – die Kirche von 1494, daneben das Pfarrhaus mit dem Pfarrschöpfle und der Pfarrscheuer, 1750 erbaut und heute Gemeindehaus und Begegnungsstätte.

Das weit und breit schönste Fachwerkgebäude ist das **»Ochsenbeckenhaus«** in **Talheim.** Das gestelzte, quer geteilte Einhaus wurde vermutlich in der Regierungszeit Herzog Eberhard Ludwigs von Württemberg (1693–1733) fertig gestellt und war Wohnsitz des herzoglichen Vogts. Es ist in außergewöhnlich reichem Zierfachwerk ausgeführt, die Ständer sind mit geschnitzten Ornamenten versehen und bemalt. Am nordwestlichen Eckpfosten findet sich das herzogliche Wappen.

!

Im Juli ist das Freilichtmuseum Neuhausen ob Eck Schauplatz des **Fuhrmannstags.** Dann kommen Fuhrleute und ihre mächtigen Rösser aus ganz Baden-Württemberg, um sich in spannenden Wettbewerben im Holzrücken, in der Zugleistung und im Hindernisfahren zu messen. Zudem gibt es attraktive Vorführungen rund um die Kaltblutpferdehaltung.
Am ersten Oktoberwochenende lädt das Museum zur **»Neuhauser Kirbe«,** einem bäuerlichen Fest »wie früher« mit Schlachtfest und Kinderprogramm, landwirtschaftlichen Vorführungen, Handwerkermarkt, Gauklern, Tänzern und gutem Essen.
Beim **Volksmusiktag** »So klingt's im Ländle« am ersten Septembersonntag spielen zahlreiche Musikgruppen traditionelle Volksmusik.

Informationen:
www.freilichtmuseum-neuhausen.de oder
Telefon (0 74 61) 9 26 32 05.

Das »Ochsenbeckenhaus« in Talheim ist reich verziert.

Von Wohlstand und reicher Ernte zeugen die weißen Treppengiebelhäuser unter dem weiten Baaremer Himmel. Die größten finden sich in ehemals fürstenbergischen Orten, denn dort galt das Anerbenrecht, das Besitzzersplitterung verhinderte. Besonders gut erhalten ist ein solches Bauernhausensemble in **Gutmadingen.**

Das Dorf **Mühlhausen** ist durch die Initiative einiger Bürger zum Museumsdorf geworden, in dem jedoch weiterhin in gewohnter Weise gelebt und gearbeitet wird. Es ist *das* Bauernmuseum der Baar, mit Zehntscheuer, Göpelhaus, Dorfschmiede, Mosterei, Backhaus, Mahl- und Ölmühle samt Mühlweiher und Dorfbrunnen. Die Heimat-

Die Kobisenmühle in Oberkirnach wurde aufwändig restauriert.

stube im ehemaligen Schul- und Rathaus ist mit Baaremer Mobiliar und bäuerlichen Geräten ausgestattet.

Zu einem stattlichen Schwarzwälder Bauernhof gehörte früher eine Mahlmühle. Die unter Denkmalschutz stehende **Kobisenmühle** in **Oberkirnach** mit ihren zwei Mahlgängen zählt zu den seltenen größeren Hofmühlen. Nach aufwändiger Restaurierung sind ihre in Teilen über 300 Jahre alten Mahlwerke wieder voll funktionsfähig. In dieser Mühle konnte nicht nur Mehl gemahlen, sondern im Gerbgang bei Hafer, Dinkel und Gerste auch Korn und Spelzen getrennt werden.

Wenn die enormen Wassermassen während der Schneeschmelze durch das felsige, enge Tal des Heubachs steil abwärts rauschen, wird das Tal zum »Hexenloch«. 1825 machten sich vier Bauern ans Werk und bauten eine Sägemühle, um die

Wasserkraft des Heubachs zu nutzen. Die **Hexenlochmühle** ist unter den Schwarzwaldmühlen eine Rarität. Zwei vier Meter große Räder treiben das Sägewerk noch heute an. Holz gesägt wird aber nur noch am »Mühlentag«/Pfingstmontag. Das Wasser des Heubachs wird heute zur Stromerzeugung genutzt.

1995 wurde in **Sankt Georgen im Schwarzwald** das **Heimatmuseum »Schwarzes Tor«** eröffnet. Das 1804 erbaute Bauernhaus, das sehr sorgsam in seinen Urzustand versetzt wurde, ist zum Schmuckkästchen in der Stadtmitte geworden. Die Bauernstube, die noch original erhaltene Schwarzwälder

Die Hexenlochmühle mit ihren zwei Wasserrädern

Bauernmuseum Pfarrscheuer in Bösingen

Rauchküche und die Schlafkammer zeigen die Lebensbedingungen in einem Schwarzwälder Haus im 19. Jahrhundert. Dazu eine Uhrenstube mit Uhrmacherwerkstatt, eine Werkstatt zum Strohflechten, Werkzeuge für das Schindelspalten und für das »Diechelebohren«. Zudem erfährt man, was die Sankt Georgener Bauersleut' im 19. Jahrhundert schick fanden – die Sankt Georgener Tracht.

Das Kulturdenkmal »Pfarrscheuer« in **Bösingen** ist selbst schon eine Sehenswürdigkeit. Dem Heimatpflegeverein Bösingen e. V. kommt das Verdienst zu, sie erhalten und zu einem interessanten Museum ausgebaut zu haben. Das **Bauernmuseum Pfarrscheuer** widmet sich vor allem der Zeit von 1900 bis 1950, in der sich die bäuerliche Arbeit durch die einsetzende Technisierung stark veränderte. So werden auf einer Fläche von 500 Quadratmetern Fahrzeuge, Maschinen und landwirtschaftliches Gerät, aber auch Handwerkszeug, Werkstatteinrichtungen, Wohnungsinventar, sakrale Gegenstände und Volkstrachten präsentiert. Daneben sind noch eine komplette Schmiede, eine Sattlerei, eine Küferei und eine Schuhmacherei aufgebaut. Seit 1991 kann man in einer Lagerhalle landwirtschaftliche Großgeräte und Maschinen besichtigen.

Das **Bauernmuseum Sulz am Neckar** ist Teil des Kultur- und Museumszentrums Schloss Glatt. Die facettenreiche Ausstellung in der 1811 errichteten Zehntscheuer des Schlosses widmet sich auf zwei Ebenen dem bäuerlichen Leben am oberen Neckar bis zur Mitte des 20. Jahrhunderts. Im Mittelpunkt steht die soziale Hierarchie im Dorf, das Verhältnis der Dorfbewohner zu ihrer Obrigkeit, aber auch die Arbeit auf dem Acker und in der Werkstatt. Daneben nimmt sich das Museum des bäuerlichen Wohnens und der Kleiderherstellung an.

i

Bösingen

Bauernmuseum Pfarrscheuer, Pfarrer-Uhl-Weg: Ostern–November, Ostermontag und jeder erste So im Monat 14–17 Uhr. Telefon (0 74 04) 18 06.

Glatt

Bauernmuseum Schloss Glatt, Schloss 1: April–Oktober, Di–Fr 14–17 Uhr, Sa, So und Feiertage 10–17 Uhr. November–März, Sa, So und Feiertage 14–17 Uhr. Führungen nach Vereinbarung, Telefon (0 74 82) 73 45 und (0 74 82) 80 77 14.

Mühlhausen

Dorf Mühlhausen, Tuninger Straße 3: Führungen nach Vereinbarung, maximal 25 Personen, Telefon (0 77 20) 42 58.

Bauernmuseum Zehntscheuer: April–Oktober, So 14–17 Uhr.

Neuhausen ob Eck

Freilichtmuseum: April–Oktober, Di–So und an Feiertagen 9–18 Uhr, Telefon (0 74 61) 9 26 32 05. Anmeldung von Führungen, Telefon (0 74 67) 13 91.

Oberkirnach

Kobisenmühle, Hippengehr 3: In den Sommermonaten am 2. So im Monat, 13–17 Uhr und nach Vereinbarung, Telefon (0 77 24) 61 25.

Sankt Georgen im Schwarzwald

Heimatmuseum »Schwarzes Tor«, Bahnhofstraße 37: Mai–September, Sa 13–16 Uhr. Juni–September, zusätzlich Di 10.30 Uhr. Sonderführung Oktober–April, erster Sa im Monat 13–16 Uhr. Gruppenführungen nach Vereinbarung.

T7 Fasnet

Die schwäbisch-alemannische Fasnet mit ihrer Vielfalt an Masken und Bräuchen ist eine der wichtigsten identitätsstiftenden Traditionen in der Region. Ihren Ursprung hat sie im christlichen Jahreslauf, vor Beginn der 40-tägigen Fastenzeit feierte man noch einmal ausgelassen mit gutem Essen, Tanz und Umzügen. War die Fasnet anfangs von der Kirche wohlwollend toleriert, so wurde das wilde Spektakel an der Wende zur Neuzeit zum Sinnbild der heillosen, »teuflischen« Welt. Die veränderte theologische Deutung spiegelt sich im fastnächtlichen Mummenschanz, in

Gschell und Biss sind zwei typische Rottweiler Traditionsfiguren.

dem fortan Teufel, Dämonen und wilde Gesellen die Hauptrolle spielten. Die Gewänder lieh man sich häufig aus dem kirchlichen Kostümfundus für Prozessionen und geistliche Schauspiele. Zur zentralen Fasnetsfigur avancierte schließlich der Narr, die Symbolgestalt der »verkehrten Welt«. Im Heilig-Kreuz-Münster in Rottweil ist an einer Konsole eine Narrenfigur zu finden, sie trägt einen Dudelsack und hat ein Hündchen bei sich (1495/96). »Beherrschen« ließ sich die Fasnet jedoch weder von der Kirche noch von weltlichen Obrigkeiten. Sie blieb bis heute kreativ, selbstbestimmt und vital, wie die unzähligen Neugründungen von Zünften zeigen. Unser Streifzug

durch die Fasnetsregion kann freilich nur einen kleinen Einblick vermitteln.

Gschell und Biss, Federahannes, Schantle und Fransenkleidle, Brieler Rössle und Schiermaiers Guller sind die Rottweiler Narrenfiguren. Hauptereignis im alten Narrennest **Rottweil** ist der Narrensprung. Wenn es heißt: »Achte schlägt es auf dem Turm«, beginnt die Kapelle den Narrenmarsch zu spielen, und ein Heer von Narren ergießt sich aus dem Schwarzen Tor »d' Stadt na«. Der sich ständig wiederholende Narrenmarsch, der stoische Hüpfschritt der Narren, das helle rhythmische Rauschen der unzähligen Schellen, das Peitschenknallen rund ums Brieler Rössle, die gewaltigen Sprünge des Federahannes, der liebend gern das Publikum neckt, dazu die kühle Morgenfrühe, vermitteln etwas von der alten Stadt, die sich mit ihrer Fasnet durch die Jahrhunderte behauptet hat. Ein Rottweiler Heische-Reim der Kinder lautet: »Narro kugelrund, d' Stadtleut' sind wieder älli gsund.« Am Fasnetsdienstag klagen sie dann: »O jerum, o jerum, dia Fasnet hot a Loch.«

Der Villinger Butzesel zieht von Metzgerei zu Metzgerei und lässt sich mit Wurstringen behängen.

Eine stattliche Erscheinung mit schöner Larve, gestärkter Halskrause, einer riesigen Masche unterm Kinn, Fuchsschwanz, bronzenen Rollen und einem Säbel ist der Narro in **Villingen.** Sein Gegenstück sind die Wuescht. »Zum Schluss kommet die Schönschte«, sagen die Villinger ironisch. Ihr weißes, bunt bemaltes Häs ist so unförmig mit Stroh ausgestopft, dass sie kaum laufen können. Spitzbübisch lächelt die Villinger Morbili über sie alle, die Narros, Wuescht, Butzesel und Stachi. Sie tröstet, wo die anderen ihren Spaß zu heftig treiben.

Wenn am Fasnetsdienstag in **Oberndorf am Neckar** der Jubelruf »D' Kirch' isch aus, d' Narre raus!« erschallt, beginnt der Narrensprung. Der Narro, ein eleganter Weißnarr, hat seine Brezelstange, und der Hansel mit seinem lustig-bunten Sonnenschirmchen trägt ein Henkelkörbchen mit allerlei Süßigkeiten. Lustig sehen die beliebten Schantle aus, mit der Warze auf der Nase. Sie verteilen an Jung und Alt Orangen und Würste, eine Wurst bekommt aber nur, wer das Oberndorfer Sprüchle aufsagen kann. Der Polizeischantle beschließt den Narrenzug. Er ist der Hüter des ungeschriebenen Gesetzes, dass hinter ihm kein Kleidle mehr laufen darf.

Narrenfigur mit Schirm: der Oberndorfer Hansel

Da-Bach-na-Fahrt in Schramberg

Mächtig nass werden kann man in **Schramberg** bei der tollkühnen Da-Bach-na-Fahrt auf der Schiltach. Die zweite Attraktion ist der Brezelsegen, bei dem die Hansel 15 000 bis 20 000 Brezeln an die zahlreichen Zuschauer verteilen. Köstliche Schokoladenpralinen verschenken die Narros und die Brüele.

Fastnachtsumzüge und Narrentreiben

Bad Dürrheim

Schmotziger Donnerstag 14.30 Uhr, Narrenbaumsetzen. 19 Uhr, Hemdglonkerumzug. Fastnachtsmontag 14 Uhr, Fasnetsmendigs-Umzug. Fastnachtsdienstag 19 Uhr, Fasnetsverbrennung/Rathausplatz.

Fridingen an der Donau

Schmotziger Donnerstag 14 Uhr, Pflugziehen. Fastnachtsdienstag 22 Uhr, Fasnetvergraben.

Furtwangen im Schwarzwald

Schmotziger Donnerstag 7.30 Uhr, Messe für Narren in der Kirche Sankt Cyriak. Fastnachtssonntag 14.30 Uhr, Großer Umzug. Fastnachtsmontag 9 Uhr, Elfimess mit Büttenreden/Festhalle. Aschermittwoch 19 Uhr, Geldbeutelwäsche, Narrenbaumfällen.

Möhringen

Schmotziger Donnerstag 14.01 Uhr, Schemengerichtssitzung/Rathausgang. 18.30 Uhr, Narrenbaumsetzen. Fastnachtsdienstag 13.30 Uhr, Hanselerennen. 24 Uhr, Fasnetsverbrennen.

Mühlheim an der Donau

Fastnachtsmontag 9 Uhr, »Sagt er«. 14.30 Uhr, Umzug. Fastnachtsdienstag 19 Uhr, Kehraus Aufsagen. 22 Uhr, Narrenbaumfällen.

Oberndorf am Neckar

Fastnachtsdienstag 8.30 Uhr und 14.30 Uhr, Historischer Narrensprung.

Rottweil

Fastnachtssonntag 14.30 Uhr, Kinderumzug. Fastnachtsmontag 8 Uhr, Narrensprung. Fastnachtsdienstag 8 Uhr und 14 Uhr, Narrensprung.

Schramberg

Fastnachtssonntag 14.30 Uhr, Hanselsprung und Brezelsegen. Fastnachtsmontag 11 Uhr, Umzug der Bach-na-Fahrer. 13 Uhr, Da-Bach-na-Fahrt. 14.30 Uhr, Närrischer Umzug. Fastnachtsdienstag 16 Uhr, Brezelsegen.

Triberg im Schwarzwald

Schmotziger Donnerstag 19 Uhr, Fackelumzug aller Triberger Teufel. Fastnachtssonntag 14 Uhr, Großer Sonntagsumzug. Fastnachtsdienstag 18 Uhr, Marktplatz/Fasnetsverbrennen.

Die beeindruckende Teufelsmaske aus **Triberg** entwarf der Holzbildhauermeister Friedrich Pfahrer 1893. Zunächst eine Einzelfigur, treten die roten Teufel heute zu Hunderten auf. Spättlehanseli oder Spättlebue sind die Hauptfiguren in **Furtwangen im Schwarzwald.** Die Spättlehanseli mit ihrem Häs aus vielen kleinen bunten Stoffleckchen, das einst aus der Not heraus erfunden wurde, waren im Schwarzwald sehr beliebt. Damals sicher kunterbunt, wird das heutige Gewand nach einheitlichem Muster gearbeitet.

Selten geworden ist der Strohbär in der Fasnetslandschaft. In **Wilflingen** hat er am Nachmittag des Fastnachtsdienstags noch seinen Auftritt. Das Stroh für den Strohbären muss nämlich mit der Sense gemäht und mit dem Flegel gedroschen werden. Exotisch wirken dagegen die Schellnarren mit Tupfenkleidle und Spitzhut. Die Familie Baratti, im 18. Jahrhundert Pfandherren in Wilflingen, brachte wohl die Tiroler Fastnacht mit, bei der Kuhglocken an einem Gürtel getragen werden. Die schwäbisch-alemannischen Gschell-Narren tragen meist Rollen, das sind Hohlkugeln mit Schlitz. Fein gekleidet sind die Schellnarren in **Wellendingen,** die ihr Kleidle den Herren von Freyberg-Altheim abgeguckt haben sollen, die um 1820 im Wellendinger Schloss residierten. Hüten sollte man sich allerdings vor den Wellendinger Störchen, sie schnäbeln gar zu gerne mit jungen Damen am Straßenrand.

Villingen

Fastnachtsmontag 9 Uhr, Historischer Umzug der Narrozunft. 14.15 Uhr, Historischer Maschgerelauf. Fastnachtsdienstag 13.30 Uhr, Großer Umzug der Zuggesellschaft.

Wellendingen

Schmotziger Donnerstag 19 Uhr, Hexentanz. Fastnachtsmontag 9 Uhr, Historischer Narrensprung. 14 Uhr, Umzug. Fastnachtsdienstag 14 Uhr, Umzug.

Wilflingen

Schmotziger Donnerstag ab 8 Uhr, Straßenfasnet. Fastnachtsmontag 9 Uhr, Historischer Narrensprung, Straßenfasnet. Fastnachtsdienstag ab 9 Uhr, Straßenfasnet. 14.30 Uhr, Treiben des Strohbären. Aschermittwoch 15.30 Uhr, Begraben des Fidelius.

Alle Termine der Vereinigung Schwäbisch-Alemannischer Narrenzünfte: www.fasnacht.net

Der Narrenbrunnen in Möhringen mit Hansele und Plätzlehansele

Die Fastnacht in **Mühlheim an der Donau** ist seit dem Mittelalter bezeugt. Einmalig ist das Gschell aus Holz, das der Mühlheimer Schellennarr trägt. Der »Sagt er« ist hier ein bekannter fastnächtlicher Rügebrauch. Eine lange Tradition hat auch der Pflugumzug in **Fridingen an der Donau** am Schmotzigen Donnerstag, ebenso das aufwändige Fasnetvergraben am Vorabend des Aschermittwochs. Die Fastnacht des Donaustädtchens Fridingen gehört mit ihren Brauchelementen zu den bemerkenswertesten des schwäbisch-alemannischen Raumes. Das Kühltalmadleile und der Konzenberggoascht sind in **Möhringen** daheim. Dort können lokale Unglücksraben vor das Schemengericht geladen werden, seit 1959 tagt es wieder. Schuld daran ist die »Zimmernsche Chronik«. Froben Christoph berichtet von einem, der 1549 seiner Dummheit wegen hätte eigentlich »fürs Schemmengericht geen Meringen citiert« werden müssen.

In **Bad Dürrheim** ist der Salzhansel seit 1932 die zentrale Figur. Sein Häs ist beeindruckend, bis zu 900 Salzsäckchen werden auf einen Leinenanzug genäht.

1973 wurde in Bad Dürrheim das Zentralmuseum der Vereinigung Schwäbisch-Alemannischer Narrenzünfte eröffnet, die größte Narrenfiguren- und Maskenausstellung im deutschsprachigen Raum. Unterschlupf fand man unter der mächtigen Kuppel eines ehemaligen Salzsiedehauses, zwei weitere Kuppelbauten kamen später dazu. Im »Narrenschopf« finden regelmäßig Wechselausstellungen statt.

Der »Narrenschopf« in Bad Dürrheim

Bad Dürrheim

Narrenschopf,
Im Kurpark: Mai bis Oktober, Mo–Fr 14–18 Uhr, So und Feiertage 10–18 Uhr. November bis April 10–17 Uhr. Telefon (0 77 26) 64 92.

T8 Uhren- und Phonoindustrie

Die Schwarzwälder Kuckucksuhr ist mehr als ein Klischee, sie steht für ein spannendes Kapitel Kultur-, Handwerks- und Industriegeschichte des Schwarzwaldes. Die ersten einfachen Holzräderuhren wurden schon im 17. Jahrhundert gefertigt, im 18. Jahrhundert entwickelten sich Uhrenproduktion und -handel zu bedeutenden Erwerbszweigen. Den Bauer, der im Winter nebenbei Uhren baute, gab es selten. Die meisten Uhrmacher lebten überwiegend von ihrem Handwerk und betrieben Landwirtschaft nur im Nebenerwerb, Spezialisten wie Schildermaler und

Das Deutsche Uhrenmuseum in Furtwangen

Gestellmacher lieferten Zubehörteile. Straßenhändler mit ihren typischen Kraxen vertrieben die Uhren in ganz Europa, schon 1780 ist der Handel mit den Vereinigten Staaten belegt. Die industrielle Uhrenfertigung begann Mitte des 19. Jahrhunderts, zu Zentren der Uhrenindustrie entwickelten sich Schramberg mit den Firmen Junghans und Landenberger sowie Schwenningen mit Bürk, Mauthe, Haller und Kienzle. Vor 1914 kamen über 50 Prozent der Weltausfuhr an Großuhren aus dem Schwarzwald.

Die kulturelle Verwurzelung zeigt sich nicht zuletzt in der Museumslandschaft, kaum ein Heimatmuseum, das nicht über eine Sammlung der typischen Schwarzwälder Lackschilder-Uhren mit ihren schönen, bäuerlichen Motiven verfügt. Die ganze Fülle und Kreativität des Schwarzwälder Uhrenhandwerks

Im Uhrenindustriemuseum in Schwenningen

zeigt das **Deutsche Uhrenmuseum** in **Furtwangen im Schwarzwald.** Darüber hinaus wird die Geschichte der Zeitmessung von den einfachen Sonnenuhren über gotische Stuhluhren, prunkvolle Renaissance- und Barockpendulen, komplizierte astronomische Uhren des 18. Jahrhunderts bis zu den elektronischen Uhren des 20. Jahrhunderts dokumentiert. 1850 wurde in Furtwangen die »Großherzoglich-Badische Uhrmacherschule« gegründet, um der wachsenden ausländischen Konkurrenz durch verbesserte Ausbildung begegnen zu können. Ihre Uhrenmuster-Sammlung bildet den Grundstock des Uhrenmuseums. Gleich im ersten Jahr schrieb Robert Gerwig, Direktor der Schule, einen Wettbewerb für ein neues Uhrendesign aus. Sieger war Professor Friedrich Eisenlohr, die Kuckucksuhr im Bahnwärterhäuschen wurde der neue Exportschlager. Der Typus der Kuckucksuhr selbst ist älter, der Schönwalder Franz Ketterer soll es gewesen sein, der als erster um 1740 die Terz in die Uhr einbaute und so die Kuckucksuhr erfand. **Schönwald im Schwarzwald** nennt sich daher stolz »Geburtsort der Kuckucksuhr«. Der Welt größte Kuckucksuhren stehen in **Schonach im Schwarzwald** in der Untertalstraße 28 und im »Eble Uhrenpark« in **Schonachbach** an der Bundesstraße 33.

Einen lebendigen Einblick in die vorindustrielle Uhrenfertigung geben die Uhrmacherwerkstätten und Uhrensammlungen im **Schwarzwaldmuseum** in **Triberg im Schwarzwald,** im **Dorf- und Uhrenmuseum** in **Gütenbach** und im **Franziskanermuseum Villingen.** Ein typisches Uhrmacherhäusle wurde in **Vöhrenbach** liebevoll restauriert.

Das Phonomuseum in Sankt Georgen im Schwarzwald

Die erfolgreiche Kuckucksuhr ist nur ein Modell im bunten Reigen der Schwarzwälder Figuren- und Musik-Uhren. Die Attraktion in den Kaffeehäusern und Tanzsälen des 19. Jahrhunderts waren Orchestrien, eine Weiterentwicklung der Musik-Uhren. Ihre kleinen Schwestern, die Drehorgeln, brachten Musik in die Hinterhöfe der Städte. Die Wiege des Schwarzwälder Orchestrionbaus stand in **Vöhrenbach** und **Unterkirnach.** »Imhof und Muckle« lieferte im 19. Jahrhundert aus Vöhrenbach in alle Welt, eines ihrer Wunderwerke steht im Eingangsbereich des Vöhrenbacher Rathauses. Einem Walzen-Orchestrion und einem Orchestrion-Klavier der Firma Blessing kann man im Bürgersaal in Unterkirnach lauschen. Das Schwarzwaldmuseum Triberg im Schwarzwald besitzt eine der umfangreichsten Drehorgel- und Orchestrionsammlungen.

Die »Arthur-Junghans'sche Kunstuhr« im Stadtmuseum Schramberg

Aus der Uhrenwirtschaft und ihren Zulieferbetrieben entwickelten sich neue Produktionszweige. So hat die Villinger »SABA-Schwarzwälder Apparate Bau Anstalt« ihren Ursprung in einer Triberger Uhrenfabrik. Der SABA-Volksempfänger machte den Rundfunk Anfang der 1930er-Jahre zum Massenmedium. In Triberg und im Franziskanermuseum Villingen sind Radio- und Fernsehgeräte (nicht nur) der ersten Generation zu sehen.

Die Geschichte der industriellen Uhrenproduktion des Schwarzwaldes wird im **Uhrenindustriemuseum** in **Schwenningen** so anschaulich erzählt, dass das Museum 2003 mit dem Micheletti-Preis für hervorragende technische Museen in Europa ausgezeichnet wurde. Eingerichtet wurde das Museum 1994 in der Schwenninger Uhrenfabrik Bürk, der ältesten Uhrenfabrik Württembergs.

In **Aldingen** fertigte der Schlosser Johannes Hengstler ab 1846 Tonfedern für Uhren. Daraus entwickelte sich die »Hengstler GmbH«, bis heute ein führender europäischer Hersteller industrieller Zähl- und Steuerungskomponenten. Das Museum Aldingen in der »Hengstler-Villa« führt in die Tonfederfabrikation ein, gibt aber auch einen Überblick über die Ortsgeschichte und die Geologie der Region.

Zu den wichtigsten Nebengewerben der Uhrenherstellung gehörten die Werkzeugmacher. In **Sankt Georgen im Schwarzwald** erfand die Familie Steidinger den Spindelbohrer, der die Fertigung wesentlich beschleunigte. 1907 begannen die Gebrüder Steidinger mit der Produktion von Federwerken für Grammophone. Die Idee, Federwerk und Elektromotor zu einem neuen Grammophonantrieb, dem »Dual-Motor« zu verbinden, war der Grundstock für die Firma Dual, bis 1982 wichtigster deutscher Plattenspieler-Produzent. Im **Phonomuseum** im Rathaus lässt sich die Phonogeschichte, beginnend mit dem Edison'schen Phonographen bis hin zu modernen Geräten, studieren. Im Zentrum stehen die wertvollen Sammlungen der Firmen Dual und PE.

Schramberg ist die Heimat der Junghans-Uhren. Die Fabrik Gebrüder Junghans wurde 1861 gegründet. Sie erlangte eine führende Stellung auf dem Weltmarkt, um 1903 verließen täglich 9000 Uhren das Werk. Eine Abteilung des Stadtmuseums ist der Uhrenindustrie gewidmet, ihr Höhepunkt: die »Arthur-Junghans'sche Kunstuhr«, 1897 bis 1900 für die Weltausstellung in Paris gefertigt. 1990 brachte Junghans die erste Funk-Armbanduhr auf den Markt.

Museen der Uhrengeschichte

Aldingen

Museum »Hengstler-Villa«, Hauptstraße 69: Erster und dritter So im Monat 14–17 Uhr. Führungen nach Vereinbarung, Telefon (0 74 24) 8 82 17.

Buchenberg

Dorfmuseum, Dörfle 24: Mai–Oktober, Sa 14–17 Uhr. November–April, erster Sa im Monat 14–16 Uhr, Telefon (0 77 25) 76 13.

Exponat aus dem Deutschen Uhrenmuseum in Furtwangen im Schwarzwald

Deißlingen

Uhrenkundliches Museum im Rathaus, Kehlhof 1: Mo–Do 8–11.45 Uhr, Do 16 bis 17.45 Uhr, Fr 8–12.30 Uhr, Telefon (0 74 20) 9 39 40.

Furtwangen im Schwarzwald

Deutsches Uhrenmuseum, Robert-Gerwig-Platz 1: April–Oktober, 9–18 Uhr. November–März, 10–17 Uhr. 24.–26. Dezember geschlossen, Telefon (0 77 23) 9 20 28 00.

Gütenbach

Dorfmuseum, Kirchstraße 41: 15. Juni–30. September, Sa 11–13 Uhr, Mi 14–17 Uhr. Führungen nach Absprache, Telefon (0 77 23) 33 56 oder (0 77 23) 93 06 11.

Niedereschach

Turmuhr im Rathaus, Villinger Straße 10: Mo–Fr 8.30–11.30 Uhr, Mo–Do 13.45–16 Uhr, Telefon (0 77 28) 64 80.

Rottweil

Salinenuhr im Salinenmuseum »Unteres Bohrhaus«, Primtalstraße 1: Mai bis September, So 14.30 bis 17 Uhr und nach Vereinbarung, Telefon (07 41) 4 38 22.

Sankt Georgen im Schwarzwald

Heimatmuseum »Schwarzes Tor«,
Bahnhofstraße 37: Mai–September, Sa 13–16 Uhr. Juni–September, zusätzlich Di 10.30 Sonderführung. Oktober–April, erster Sa im Monat 13–16 Uhr, Telefon (0 77 24) 8 71 94.

Schramberg

Stadtmuseum,
Bahnhofstraße 1: Di–Fr 14–18 Uhr, Sa, So und Feiertage 10–12 und 14–17 Uhr. 1. Mai–15. September, zusätzlich Di–Fr 10–12 Uhr. Führungen nach Vereinbarung, Telefon (0 74 22) 2 92 68.

Schwenningen

Uhrenindustriemuseum,
Bürkstraße 39: Di–So 10–12 Uhr und 14–18 Uhr. Führungen nach Absprache, Telefon (0 77 20) 3 80 44.

Heimat- und Uhrenmuseum,
Kronenstraße 16: Di–Fr 10–12 Uhr und 14–18 Uhr. Sa 14–18 Uhr. So 10–12 Uhr und 14–18 Uhr, Telefon (0 77 20) 82 23 71.

Tennenbronn

Turmuhr der Katholischen Kirche:
Nach Voranmeldung, Telefon (0 77 29) 92 60 28.

Triberg im Schwarzwald

Schwarzwaldmuseum,
Wallfahrtstraße 4: Täglich 10–17 Uhr, Telefon (0 77 22) 44 34.

Trossingen

Heimatmuseum »Auberlehaus«,
Marktplatz 6: März–Januar, So 14–17 Uhr. Sonderführung täglich nach Absprache, Telefon (0 74 25) 2 77 03.

Vöhrenbach

Uhrmacherhäusle,
Silbergrubenweg 1: Nach Anmeldung, Telefon (0 77 27) 70 05.

Museen der Phonoindustrie

Sankt Georgen im Schwarzwald

Deutsches Phonomuseum,
Hauptstraße 9: Mo–Fr 9–12.30 Uhr und 14–17 Uhr. Mai–September zusätzlich Sa 10–12 Uhr, Telefon (0 77 24) 8 71 94.

Triberg im Schwarzwald

Schwarzwaldmuseum,
Wallfahrtstraße 4: Täglich 10–17 Uhr, Telefon (0 77 22) 44 34.

Villingen

Franziskanermuseum,
Rietgasse 2: Di–Sa, 13–17 Uhr. So und Feiertage 11–17 Uhr, Telefon (0 77 21) 82 23 51.

Weitere Informationen:
www.deutscheuhrenstrasse.de

T9 Erz – Eisen – Eisenbahn

Der Erzabbau und die Eisenverhüttung haben auf der Südwestalb, der Baaralb und dem Vorrandengebiet eine lange Tradition, Grundlage sind die Bohnerz- und Doggererzvorkommen. Der Erzabbau erfolgte anfangs im Tagebau, später auch im Untertagebau. Ab dem 17. Jahrhundert entstanden zahlreiche Schmelz- und Hüttenwerke. Die Eisenindustrie war wichtiger Schrittmacher für den wirtschaftlichen Aufschwung in der Region. Einen unverzichtbaren Beitrag zur Verkehrsinfrastruktur leistete die Eisenbahn. Sie erweiterte die Märkte und verbesserte die Ab-

Die Sauschwänzlebahn führt über abenteuerliche Viadukte.

satzchancen – vereinfachte aber auch den Transport billigeren Eisens und Stahls aus den neuen Hüttenrevieren an Saar und Ruhr in den süddeutschen Raum, eine Konkurrenz, der die Hüttenwerke der Südwestalb letztlich nicht gewachsen waren. Die Tour verbindet Berg- und Hüttenwerke der jüngeren Zeit von Blumberg bis Tuttlingen mit beeindruckenden Zeugnissen der Eisenbahngeschichte.

Nördlich von **Blumberg** wurde schon im 16. Jahrhundert Erz abgebaut, zur Verhüttung fuhr man es jedoch noch nach Hammereisenbach im Bregtal, wo die Grafen von Fürstenberg bereits seit 1523 ein Eisenwerk betrieben. 1662 wurde dann das Hüttenwerk in Blumberg gegründet, dem 1663 eine große Hammerschmiede folgte. Wegen Wassermangels wurden die Anlagen 1694 nach Kirchen im Aitrachtal verlegt, die Poche blieb aber bis ins 18. Jahrhundert in Betrieb, bis der Erzabbau schließlich wegen Unrentabilität eingestellt wurde. Mit besseren Abbaumethoden versuchte man ab 1933 einen Neuanfang, 1937 wurde die Doggererz-AG gegründet – ein ehrgeiziges Projekt mit dramatischen Folgen für die Stadt. 1936 hatte Blumberg 800 Einwohner, 1939 waren es 4500, entstehen sollte nach dem Willen der Planer

Der gusseiserne Brunnen mit seiner Adler-Brunnensäule in Immendingen wurde 1868 in der Maschinenfabrik im Oberen Schloss produziert.

eine Industriestadt mit 20 000 Menschen. Eine Bergarbeitersiedlung wurde gebaut, doch der Aufbau einer funktionierenden Infrastruktur gelang nicht. 1942 wurden die Minen in Blumberg und Gutmadingen aus kriegswirtschaftlichen Überlegungen aufgegeben – eine Katastrophe für Alt- und Neubürger in Blumberg. Es dauerte Jahrzehnte, bis sich die Stadt durch Ansiedlung neuer Industriezweige erholte.

Die große Attraktion Blumbergs ist die **»Sauschwänzlebahn«** von Blumberg-Zollhaus nach Stühlingen-Weizen, deren Streckenverlauf von Militärs 1871 ausgeknobelt wurde, weil man eine Trasse brauchte, die nicht über Schweizer Gebiet führte. 9,6 Kilometer Luftlinie, 231 Höhenmeter, 24 Promille Steigung – für große Transporte zu steil. So entstanden 25 phantastische Kilometer Eisenbahnstrecke mit grandiosen Viadukten, Tunnels und Kehrschleifen. Spektakulär der 1700 Meter lange Stockhalde-Kreiskehrtunnel, der bei der Drehung im Berg 15 Meter an Höhe gewinnt, atemberaubend das 34 Meter hohe Viadukt bei Epfenhofen. Im Lokomotivschuppen in Fützen können die drei Loks geschützt untergestellt werden. Die Geschichte der Bahn vermittelt ein kleines Museum am Bahnhof – geöffnet jeweils eine

Stunde vor Abfahrt und nach Ankunft der Museumszüge –, das Reiterstellwerk sowie ein Eisenbahn-Lehrpfad, der zu den interessantesten Bauwerken und schönsten Aussichtspunkten führt.

Das Karl-Egon-Bergwerk in **Gutmadingen** förderte in den Jahren 1930 bis 1942 im Kapfstollen oberhalb des Ortes Doggererz. Am Ortsausgang in Richtung Neudingen stehen auf der rechten Seite drei ehemalige »Erzgräberhäuser« aus dieser Zeit und auf dem Höhenzug Länge befindet sich noch ein alter Bergwerksstollen.

1835 gründete Karl Egon II. Fürst zu Fürstenberg im Oberen Schloss in **Immendingen** die erste Maschinenfabrik in Baden. Produziert wurden Räder, Säge- und Mahlmühlen, aber auch Feldkreuze und Brunnentröge. 1899 gingen beide Schlösser in Immendingen in den Besitz des Fürsten von Hohenzollern-Sigmaringen über, der die Maschinenfabrik ins Untere Schloss an der Donau verlegte. Seit 1917 in bürgerlichem Besitz, wurde die »Immendinger Gießerei und Maschinenfabrik« in den 1990er-Jahren stillgelegt. Produkte sind im **Heimatmuseum** zu sehen, ein vollständig erhaltener Brunnen mit Adler-Brunnensäule, der 1868 im Oberen Schloss gefertigt wurde, steht an der Schwarzwaldstraße in der Nähe des Weißenbachs.

Zu Beginn des 18. Jahrhunderts hatte man im Bachzimmerer Tal begonnen, Eisenerz zu verhütten. 1829 errichtete Karl Egon II. Fürst zu Fürstenberg in **Bachzimmern** ein Schmelz- und Hüttenwerk, das 1833 zu Ehren der Gattin Karl Egons »Amalienhütte« genannt wurde. Von 1830 bis 1841 war Ferdinand Steinbeis Oberhüttenverwalter der Fürstlich Fürstenbergischen Hüttenwerke. Ihm gelang es, durch Modernisierung die Produktion von Roh- und Stabeisen enorm zu steigern, die Belegschaft stieg von 50 auf 500 Mann. 1858/59 fielen die Eisenpreise und die F. F. Hüttenwerke gerieten in die Verlustzone. Der Konkurrenz der Hüttenwerke, die mit Steinkohle produzierten, konnte man mit der hierzulande verwendeten Holzkohle nicht standhalten, ab 1862 wurde die Fürstenbergische Eisenproduktion eingestellt. Das ehemalige Verwaltungsgebäude, **»Unteres Schlössle«** genannt, und der Name des Gasthauses »Zur Flamme« im Bachzimmerer Tal erinnern noch an die Blütezeit der Amalienhütte. Am rechts zur Landstraße von Immendingen Richtung Bachzimmern verlaufenden Waldweg wurde ein Schaukohlenmeiler errichtet.

Im württembergischen Eisenwerk Ludwigstal bei **Tuttlingen** wurde von 1696 bis 1861 Bohnerz

Ehemaliges Verwaltungsgebäude des Schmelz- und Hüttenwerks Bachzimmern, »Amalienhütte«

verhüttet. Das Hüttenwerk gab wichtige Impulse für das Eisen verarbeitende Handwerk und die Industrialisierung. So waren im Jahr 1866 genau 118 selbständige Messerschmiede im Handels- und Gewerbeadressbuch eingetragen. 1867 begann Gottfried Jetter mit der Produktion chirurgischer Instrumente – der Startschuss für die Entwicklung Tuttlingens zum »Weltzentrum der Medizintechnik«. In Ludwigstal selbst werden heute Bremsscheiben hergestellt. Das **Museum im Fruchtkasten** gibt einen Überblick über die Handwerks- und Industriegeschichte Tuttlingens, unter anderem ist ein Modell des Hüttenwerks Ludwigstal zu sehen.

Im ehemaligen Bahnbetriebswerk Tuttlingen wurde in privater Trägerschaft das **»Deutsche Dampflokmuseum«** eingerichtet. Unter den großartigen Ausstellungsstücken finden sich Namen wie Lok 78192, Lok 502838 oder Anna 1, die die Herzen von Eisenbahnromantikern höher schlagen lassen. Dazu eine voll funktionsfähige 21-Meter-Drehscheibe und eine Original-Schienendraisine.

Die Trasse der 1869 eröffneten Gäu-Neckartalbahn Tuttlingen–Rottweil führte in 4,5 Kilometer Entfernung an **Trossingen** vorbei – sehr zum Leidwesen der Trossinger Musikinstrumentenindustrie, die den Bahn-Anschluss dringend für den Export brauchte. So reifte der Entschluss, eine Verbindungsbahn zu bauen. Aufgrund der beträchtlichen Steigung entschied man sich für eine leistungsfähige moderne Elektrobahn. Mehrere Triebwagen überdauerten die Zeit. Der Triebwagen »Zeug-Christe« aus dem Jahr 1898 gilt neben der E-Lok »Lina« als der wohl älteste betriebsfähige Elektrozug der Welt und ist der Stolz des **Trossinger Eisenbahnmuseums.** Das Museum ist in der Fahrzeughalle am Trossinger Stadtbahnhof untergebracht.

An die große Eisenbahn-Tradition der Region knüpft das neue Nahverkehrskonzept **»3er-Ringzug«** an. Seit dem ersten September 2003 fahren 20 Regio-Shuttles der Hohenzollerischen Landesbahn zwischen Bräunlingen, Donaueschingen, Villingen, Trossingen, Rottweil, Tuttlingen und Geisingen im Stundentakt (samstagnachmittags und sonntags im Zweistundentakt). Integriert wurden zudem die wieder eröffneten Bahnlinien Hüfingen–Bräunlingen und Geisingen–Blumberg. Ob Umsteigen von Bus auf Ringzug, von Ringzug auf den Fernverkehr oder umgekehrt, das System funktioniert bestens.

Die E-Lok »Lina« aus dem Jahr 1902 ist ein »Highlight« des Trossinger Eisenbahnmuseums.

i

Blumberg

Sauschwänzlebahn: Fahrplan der Museumsbahn unter www.sauschwaenzlebahn.de

Immendingen

Heimatmuseum, Hindenburgstraße 2: Geöffnet nach Anmeldung, Telefon (0 74 62) 17 09.

Trossingen

Eisenbahnmuseum, Christian-Messner-Straße 2: April–Oktober, jeder erste So im Monat 14–17 Uhr, Telefon (0 74 25) 9 40 20.

Tuttlingen

Deutsches Dampflokmuseum, Beim Lokschuppen: 1. Mai–3. Oktober, So und Feiertage 10–17 Uhr.

Heimatmuseum im Fruchtkasten, Donaustraße 50: Sa und So 14–17 Uhr, Telefon (0 74 61) 1 51 35.

3er-Ringzug: Infos, Fahrplan, ausgearbeitete Touren und Wandervorschläge unter www.ringzug.net

T10 Moderne Kunst in der Region

Von Stefan Simon

Mit der **Galerie Schloss Glatt** in **Glatt** entstand Ende 2001 ein Kreis-Kunstmuseum, dessen Aufgabe darin besteht, die Entwicklung der Kunst im regionalen Kontext zu beleuchten. Die Galerie bewahrt Sammlungsbestände des Landkreises Rottweil und der Oberschwäbischen Elektrizitätswerke, beide Träger der musealen Stätte. In der rund 170 Exponate umfassenden Dauerausstellung werden Werke moderner Kunst gezeigt, die weitestgehend in Bezug zum oberen Neckarraum stehen. Da im Hinterland von Sulz von 1946 bis

Kunstausstellung im Wasserschloss Glatt

1955 die Bernsteinschule residierte, liegt der Schwerpunkt der Sammlung auf dieser Einrichtung. Spitzenwerke der Bernstein-Lehrer wie Paul Kälberer, Hans Ludwig Pfeiffer oder HAP Grieshaber sind in der Sammlung ebenso vertreten wie Arbeiten von Schülern wie Franz Bucher, Emil Kiess, Roland Martin, Lothar Quinte oder Heinz Schanz. Die Galerie Schloss Glatt ist zugleich Ausstellungsinstitut, das sich bei Sonderausstellungen als Schaufenster der Kunst in der Region erweist.

Das 1970 gegründete **»Forum Kunst Rottweil«** widmet sich ausschließlich der Präsentation und Vermittlung zeitgenössischer Kunst. Dabei werden alle Disziplinen der Bildenden Kunst gezeigt. Besonderer Wert wird darauf gelegt, dass sich die Künstler auf die Architektur des Bürgersaales einlassen. Daraus resultiert ein gewisser Schwerpunkt bei Installationen. Der Kunstverein versteht es als seine besondere Aufgabe, jungen Kunstschaffenden, die in musealen Einrichtungen noch nicht zum Zug kommen, eine Ausstellungsmöglichkeit zu bieten. Die Programmplanung des Forum Kunst ist sowohl national wie international ausgerichtet und stets auf Aktualität bedacht.

Forum Kunst bezieht auch im öffentlichen Raum der ältesten Stadt Baden-Württembergs unübersehbar Position. Unter dem Motto »Aktion Kunst in der Stadt« werden Skulpturen im Stadtraum platziert. Die **»Skulpturenmeile«** ist mittlerweile weit über ihr anfängliches Herzstück, die Königstraße, hinausgewachsen. Mit einer Großplastik des Amerikaners Tony Smith hatte es angefangen: Direkt von der documenta in Kassel nach Rottweil transportiert, sorgte die Skulptur für Diskussionen. Es folgten Arbeiten von Thomas Lenk, Erich Hauser, Fritz Schwegler und Franz Bucher. In jüngerer Zeit kamen Skulpturen von Jürgen Knubben, Werner Pokorny und Magdalena Jetelová hinzu.

Der Skulpturenpark Erich Hauser in Rottweil

Auf über 30 000 Quadratmetern erstreckt sich in der **Kunststiftung Erich Hauser** in Rottweil ein Ensemble aus Plastiken, moderner Architektur und historischer Salinen-Reminiszenz. Der **Skulpturenpark** dokumentiert alle Schaffensphasen des Edelstahlbildhauers Erich Hauser (1930–2004), von den frühen massiven Stahlbrocken über die mit höchsten Preisen ausgezeichneten Säulenformationen der 70er-Jahre bis hin zu den spitz aufstrebenden Plastiken der Spätzeit. An zentraler Stelle des Parks befindet sich Hausers Wohnpyramide. Flankiert wird das Gebäude von der Werkstatthalle, die als Ort für Konzerte, Vorträge und als Arbeitsstätte für Stipendiaten der Kunststiftung Erich Hauser dient, und dem Museum, das Hausers eigene Kunstsammlung beherbergt.

Deutschlands kleinste Ausstellungsstätte für zeitgenössische Kunst steht in **Rottweil-Hausen**. In der ehemaligen **Telefonzelle** werden Wechselausstellungen von Künstlern gezeigt, die auf der benachbarten **Skulpturenwiese »Kunstdünger«** mit exemplarischen Werken vertreten sind. Josef Bücheler, der künstlerische Leiter des Vereins KUNSTdünger, konnte bisher 22 Bildhauerkollegen gewinnen, die sich mit Leihgaben an diesem ehrgeizigen Projekt beteiligen. Kunst- und Naturschönes liefern sich in idealtypischer Weise in dieser ländlichen Idylle das ganze Jahr über einen spannenden Dialog.

In den Räumen der Kunststiftung Hohenkarpfen

Die Kunststiftung Hohenkarpfen (Kunstverein Schwarzwald-Baar-Heuberg) in **Hausen ob Verena** ist Träger des **Kunstmuseums Hohenkarpfen**. Das seit 1986 bestehende, auf halber Höhe des Bergkegels Hohenkarpfen gelegene Museum ist in einem denkmalgeschützten Ökonomiegebäude des früheren Meierhofs der altwürttembergischen Herrschaft Karpfen untergebracht. Hier finden jährlich zwei bis drei Wechselausstellungen zur Kunst des 19. und 20. Jahrhunderts im deutschen Südwesten statt, die durch Kataloge dokumentiert werden. Durch die Ausstellungen mit jährlich bis zu 10 000 Besuchern konnte sich die Einrichtung einen über die Region hinausreichenden Ruf als kunstwissenschaftliches Ausstellungsinstitut erarbeiten. Neben der breitgefächerten Aufarbeitung künstlerischer Strömungen widmet sich die Kunststiftung Hohenkarpfen der Landschaftsmalerei im deutschen Südwesten. Sie bildet auch den thematischen Schwerpunkt der museumseigenen Sammlung, die Bilder von stil- und schulbildenden Landschaftsmalern der Akademien in Karlsruhe, Stuttgart und München umfasst. Die Kunststiftung führt neben den Ausstellungen Konzerte, Lesungen und Vorträge durch. Das zeitgenössische Pendant zur Museums-Kunst gibt es rund um den Bergkegel zu entdecken. Die Familie Ritzi, Eigentümerin des Areals, veranstaltet alle zwei Jahre ein Bildhauersymposion. Die vor Ort geschaffene Arbeit wird stets erworben und somit wächst

Ausstellung einer Künstlergruppe in der Galerie der Stadt Tuttlingen

der Kunstpfad rund um den Hügel kontinuierlich.

Ein lohnendes Ziel für über 11 000 Besucher jährlich ist die **Galerie der Stadt Tuttlingen**. Auf drei Etagen wird in acht bis neun Ausstellungen pro Jahr Kunst der Gegenwart und des 20. Jahrhunderts präsentiert, deren Spektrum von regional bis zu international beachteten Positionen reicht. Als Veranstalter wechseln sich der Kunstkreis Tuttlingen und die Stadt ab. Die lichten, weiten Räume des 1987 preisgekrönten Baus bieten dabei einen Rahmen, der der Kunst Entfaltungsmöglichkeiten lässt. Als Gesprächsforen für ein breites Publikum jeden Alters dienen die öffentlichen Führungen und Künstlergespräche.

In jährlich drei Ausstellungen wird in der **Galerie im Turm** in **Donaueschingen** Gegenwartskunst präsentiert. Die Galerie ist ausschließlich ein Forum für Künstler, die in Baden-Württemberg arbeiten oder von hier stammen. Aus dem Engagement der ehrenamtlichen Ausstellungsmacher hat sich die **»Donaueschinger Regionale für Neue Kunst«** entwickelt. Der Einzugsbereich dieser 2003 erstmals veranstalteten Ausstellung, die im Zwei-Jahres-Rhythmus in der Donauhalle gastiert, umfasst den Schwarzwald-Baar-Kreis, Tuttlingen und Rottweil sowie die benachbarten Kreise. Mit dieser jurierten Präsentation wird sichtbar, dass anspruchsvolle Gegenwartskunst auch abseits der Metropolen entsteht.

Die **Städtische Galerie** in **Schwenningen** erarbeitet Ausstellungen mit Werken der Klassischen Moderne und mit Arbeiten zeitgenössischen Kunstschaffens. Die Ausstellungen im zeitgenössischen Bereich sind jungen Künstlern vorbehalten, die figurative Tendenzen sowie Grenzbereiche in der Auseinandersetzung von »Kunstform« beziehungsweise »Naturform« diskutieren. Mit diesen Schwerpunkten hat sich die Galerie in den vergangenen Jahren im südwestdeutschen Galerieangebot eine herausragende Position erarbeitet. Pro

Jahr präsentiert die Städtische Galerie etwa fünf Ausstellungen, zu denen regelmäßig ein Katalog herausgegeben und ein umfangreiches Begleitprogramm angeboten wird.

Die über 1500 Werke umfassende Sammlung von Gegenwartskunst der Familie Grässlin in **Sankt Georgen im Schwarzwald** genießt in der Fachwelt aufgrund ihrer dezidierten Schwerpunkte einen ausgezeichneten Ruf. Mit dem im Juni 2006 eingeweihten **»Kunstraum Grässlin«** und den **»Räumen für Kunst«**, die sich im Bahnhof, in leer stehenden Ladengeschäften, in Privathäusern, in der Familienvilla, im Rathaus oder auch in Geldinstituten befinden, wird die Privatsammlung nun auf beachtlichen 1600 Quadratmetern Fläche der Öffentlichkeit zugänglich gemacht. Der Museumsbesuch wird zum Stadtspaziergang. Jenseits der pittoresken Schwarzwaldidylle gehen von dem Kunstraum-Ensemble somit Impulse auf den ganzen Ort aus.

Seit 1978 zeigt der Kunstverein **»Podium Kunst«** im **Schramberger Schloss** in jährlich drei Ausstellungen Arbeiten von zeitgenössischen Künstlern aus dem gesamten Bundesgebiet. Die Intentionen liegen nicht nur in der Abwicklung von Kulturveranstaltungen. Vielmehr werden Künstler und Künstlergruppen vorgestellt, die den Bedürfnissen der Vielgestaltigkeit von Kunst nachkommen. Somit werden die Sensibilität und die Auseinandersetzung des Betrachters stets aufs Neue eingefordert.

»Der Bau« von Reinhard Mucha ist eines der raumfüllenden Exponate aus der Sammlung Grässlin in Sankt Georgen im Schwarzwald.

Wilhelm Kimmich malte 1974 das Bild »Ginster am Fohrenbühl«, das nun in der nach ihm benannten Lauterbacher Galerie hängt.

Die **Galerie Wilhelm Kimmich** in **Lauterbach** verdankt ihre Entstehung dem Vermächtnis des Malers Wilhelm Kimmich (1897–1986). Der Lauterbacher Ehrenbürger hat seiner Heimatgemeinde rund 400 Gemälde und zahlreiche Zeichnungen hinterlassen. Um dieses Erbe der Öffentlichkeit zugänglich zu machen, ließ die Gemeinde ihr ehemaliges Rathaus zu einer Galerie umgestalten. Eine Dauerausstellung erinnert an das Leben und Werk des Malers. Kimmichs dem Spätimpressionismus verpflichtetes, farbkräftiges Werk steht in der Tradition der Schwarzwaldmalerei. Der Kunstverein Wilhelm Kimmich bietet zudem in der Galerie regelmäßig Wechselausstellungen zur Kunst der Region an.

Donaueschingen

Städtische Galerie im Turm, Karlstraße 60: Mi und Do 14–18 Uhr, Di und Sa 9–12 Uhr, Fr 9–13 Uhr. Telefon: (07 71) 85 72 66.

Glatt

Galerie Schloss Glatt, Schloss 1: April–Oktober, Di–Fr 14–17 Uhr, Sa, So und Feiertage 11–18 Uhr. November–März, Sa, So und Feiertage 14–17 Uhr. Führungen nach Vereinbarung, Telefon (0 74 82) 80 77 14 und (0 74 82) 73 45.

Hausen ob Verena

Kunstmuseum Hohenkarpfen, Hofgut Hohenkarpfen: Mi–So und an Feiertagen 13.30–18.30 Uhr, Telefon (0 74 24) 40 17.

Lauterbach

Galerie Wilhelm Kimmich, Hauptstraße 17: Sa, So und Feiertage 14–17 Uhr, Telefon (0 74 22) 73 11 oder (0 74 22) 24 02 44.

Rottweil

Forum Kunst Rottweil, Bürgersaal, Friedrichsplatz: Di–Fr 14–17 Uhr, Do 17–20 Uhr, an den Wochenenden 10–13 Uhr und 14–17 Uhr. Telefon (07 41) 49 43 03 oder (07 41) 49 43 20.

Kunststiftung Erich Hauser, Saline 36: Außerhalb von Sonderausstellungen jeden letzten So im Monat 11–17 Uhr. April–September, Mi und Do 9–13 Uhr und 14–16 Uhr. Führungen an den offenen Sonntagen 11.30 und 14 Uhr. Telefon (07 41) 2 80 01 80.

Sankt Georgen im Schwarzwald

Kunstraum Grässlin, Museumsstraße 2: Do 17–21 Uhr, Sa und So 12–18 Uhr, Telefon (0 77 24) 8 59 82 97.

Schwenningen

Städtische Galerie, Friedrich-Ebert-Straße 35: Di–So 10–17 Uhr, Telefon (0 77 20) 82 10 98.

Schramberg

Podium Kunst, Bahnhofstraße 1: 16. September–30. April, Di–Fr 14–18 Uhr, Sa, So und Feiertage 10–12 und 14–17 Uhr, 1. Mai bis 15. September, zusätzlich Di–Fr 10–12 Uhr, Telefon (0 74 22) 37 44

Tuttlingen

Galerie der Stadt Tuttlingen, Rathausstraße 7: Di–So und an Feiertagen 11–18 Uhr, Telefon (0 74 61) 1 55 51.

Register

Bildnachweis

Dr. Andreas Beck
Seite 1, 17, 18, 19, 21, 22, 29, 34, 37, 45, 46, 47, 48, 51, 52, 61, 64, 65, 66, 68, 70 oben, 71, 73, 74, 75, 78, 79, 81, 82, 83, 88, 95, 96, 98, 99, 104, 105, 106, 107, 111, 113, 122, 123, 124 oben, 125, 126, 134, 136, 137, 138, 141, 142, 144, 148, 161, 164, 165, 166, 174, 181, 184, 185, 195, 196, 198, 199.

Joachim Sturm/Kreisarchiv Schwarzwald-Baar-Kreis
Seite 1, 26, 28, 30, 32, 33, 36, 70 unten, 151.

Landkreis Tuttlingen
Seite 92, 94, 103, 108, 109, 114, 116, 120, 121, 124 unten, 129, 168, 171, 173.

Bernhard Rüth/ Kreisarchiv Rottweil
Seite 42, 49, 152, 154 (aus Andreas Schaub, Die Römer in Waldmössingen, Ab urbe condita, in: Schramberg. Adelsherrschaft, Marktflecken, Industriestadt, Schramberg 2004, S. 30), 157.

Wulf Wager
Seite 130/131, 179, 180.

Hartwig Ebert
Seite 16, 50, 55.

Fotostudio Kasenbacher
Seite 23, 24, 206.

Stefan Simon
Seite 203, 204, 205.

Archiv Wager ! Kommunikation
Seite 11, 183, 214.

Tourist-Information Furtwangen
Seite 175, 133.

Kloster Kirchberg
Seite 40, 41.

Roland Sigwart
Seite 86, 147.

BB+K Kunst- und Architektur-dokumentation, Rottweil
Seite 60.

Reiner Bauer
Seite 158.

Deutsches Uhrenmuseum Furtwangen
Seite 189.

Elisabeth Klank
Seite 56.

Heinrich Hölsch
Seite 176.

Holger v. Briel
Seite 85.

Ingrid Schepker/Stadt Vöhrenbach
Seite 35.

Johannes Lehmann
Seite 153.

Karl-Heinz Kuball
Seite 201.

Kirchengemeinde Heilig-Kreuz, Rottweil
Seite 54.

Klaus Kramer/Bildarchiv Stadtmuseum Schramberg
Seite 190.

Kunststiftung Erich Hauser, Rottweil
Seite 202.

Peter E. Frankenstein und Hendrik Zwietasch/ Württembergisches Landesmuseum Stuttgart
Seite 58.

Rainer Fieselmann
Seite 192.

Rolf Herkner
Seite 44.

Sankt Georgener Museen
Seite 191.

Stiftung Sankt Franziskus, Heiligenbronn
Seite 20.

Stadtarchiv Rottweil
Seite 57.

Stadt Schramberg
Seite 160.

Fototeam Vollmer, Freiburg
Seite 163.

Wolfgang Buck
Seite 12/13.

J. Spindler, Tübingen
aus: Dieter Planck, Das Rottweiler Römerbad, Kleine Schriften des Stadtarchivs Rottweil 2, Rottweil 1972
Seite 150.

Kartengestaltung
Wager ! Kommunikation.

Die Autoren

Karin Gessler

Jahrgang 1960, studierte Philosophie, Geschichte und Politikwissenschaft in Stuttgart und Tübingen. Seit vielen Jahren ist sie als freie Kulturjournalistin im Südwesten unterwegs, beschreibt das Land, die Menschen und ihre Geschichte.

Dr. Jörg Becker

Geboren 1959, studierte Kunstgeschichte, klassische Archäologie und Philosophie in Gießen und Heidelberg, war Museumsleiter in Goch und Albstadt, bevor er sich als Kunsthistoriker und Mediengestalter selbständig machte. Dr. Jörg Becker starb im September 2005.

Der Fotograf

Dr. Andreas Beck

Lebt als Profifotograf in Beuron. Seine besondere Liebe gilt der Landschaft seiner näheren Umgebung.

Wulf Wager

Schwäbisch-alemannische Fasnet in alten Bildern

Die Fastnachtsgeschichte ist mittlerweile weitgehend erforscht. Doch wie sah die Fasnet in der ersten Hälfte des 20. Jahrhunderts aus? Was hat sich gehalten, was ist damals anders gewesen? Wulf Wager hat in den Archiven der Narrenzünfte gestöbert und eine Menge historischer Bilder zutage gefördert. Mit Fotos und Zeichnungen entführen diese beiden Bildbände in die unglaublich vielfältige und erstaunlicherweise auch bunte Vergangenheit der heimischen Fasnet. Diese Bildbände sind ein buntes Kaleidoskop südwestdeutschen Narrentreibens Ende des 19., Anfang des 20. Jahrhunderts.

Schwäbisch-alemannische Fasnet in alten Bildern
128 Seiten, 366 farbig gedruckte Abbildungen, fester Einband.
ISBN-10: 3-87407-568-0, ab 2007 ISBN-13: 978-3-87407-568-8

Schwäbisch-alemannische Fasnet in alten Bildern – Neue Funde
128 Seiten, 350 farbig gedruckte Abbildungen, fester Einband.
ISBN-10: 3-87407-671-7, ab 2007 ISBN-13: 978-3-87407-671-5

In Ihrer Buchhandlung.

Silberburg-Verlag

www.silberburg.de